Werner Huber

Kollaborierende Roboter. Aspekte der Arbeitssicherheit auf dem Weg zur Vollautomatisierten Produktion

2016

Bibliografische Information der Deutschen Nationalbibliothek:
Die Deutsche Nationalbibliothek verzeichnet diese Publikation in der Deutschen Nationalbibliografie; detaillierte bibliografische Daten sind im Internet über http://dnb.d-nb.de abrufbar.

Impressum:
Copyright © 2016 Studylab
Ein Imprint der GRIN Verlag, Open Publishing GmbH
Druck und Bindung: Books on Demand GmbH, Norderstedt, Germany
Coverbild: ei8htz

Inhaltsverzeichnis

Inhaltsverzeichnis 3

Abkürzungsverzeichnis 5

Abbildungsverzeichnis 7

Abstract 9

1. Einleitung 11
   1.1 Produktion im Wandel 11
   1.2 Bedeutung und Herausforderungen von Mensch-Maschine-Systemen 12

2. Stand der Technik 18
   2.1 Richtlinien, Normen und Vorschriften für kollaborierende Systeme 18
   2.2 Sensoren als Schlüssel zur Zusammenarbeit 23
   2.3 Bisherige Anwendungsfelder 28

3. Forschungsbedarf 30
   3.1 Grundlegend zu beantwortende Fragestellungen 30
   3.2 Bedenken und Wünsche von Anwendern 38
   3.3 Lücken in der bisherigen Forschung und Entwicklung 41

4. Gestensteuerung zur MRK 44
   4.1 Mögliche Einsatzgebiete und Vorteile der Gestensteuerung 45
   4.2 Analyse der bisherigen Anwendungsfelder auf Übertragbarkeit zur MRK 47
   4.3 Einflussfaktoren auf die Steuerung durch Gesten 57
      4.3.1 Technik 58
      4.3.2 Mensch 63
      4.3.3 Umgebung 70
   4.4 Safety vs. Usability 72
   4.5 Gesten Vokabular – geeignete Gesten für den kollaborierenden Betrieb. 74

5. Zusammenfassung / Weiteres Vorgehen 77
   5.1 Durchzuführende Schritte im Projekt 77
   5.2 Resümee 79

Quellenverzeichnis 80

Abkürzungsverzeichnis

3D	Dreidimensional
Abs.	Absatz
ArbSchG	Arbeitsschutzgesetz
Art.	Artikel
BG	Berufsgenossenschaft
bG	berührungslose Geste
bzgl.	bezüglich
bzw.	beziehungsweise
CAVE	Automatic Vitual Enviroment – Raum in der die Simulation in 3D abläuft
CPS	Cyber-Physische-Systeme
Destatis	Statistisches Bundesamt
DGUV	Deutsche Gesetzliche Unfallversicherung
DIN	Deutsches Institut für Normung
EMV-R	Richtlinie Elektromagnetische Verträglichkeit
EN	Europäische Norm
engl.	englisch
et al.	und andere
etc.	et cetera
evtl.	eventuell
ff	folgende
GG	Grundgesetz
ggf.	gegebenenfalls
Hrsg.	Herausgeber
i.d.R.	in der Regel
idFv	in der Fassung vom
IEC	International Electrotechnical Commission
IFA	Institut für Arbeitsschutz der DGUV

IR	Infrarot
ISO	International Standard Organisation
k.O.-Kriterium	Knockout (Kriterien, die erfüllt sein müssen, damit ein System funktioniert)
lat.	lateinisch
LKW	Lastkraftwagen
MMI	Mensch-Maschine-Interaktion
MRK	Mensch-Roboter-Kollaboration
MRL	Maschinenrichtlinie
MSI	Mensch-System-Interaktion
NSR	Niederspannungsrichtlinie
o.ä.	oder ähnliches
PL	Performance Level
RFID	Radio Frequency Identification
ToF	Time-of-Flight
TS	Technische Spezifikation
TUM/TU München	Technische Universität München
u.a.	unter anderem
u.E.	unter Einbeziehung
usw	und so weiter
VGA	Video Graphics Array
vgl	Vergleiche
z.B.	zum Beispiel

Abbildungsverzeichnis

Abbildung 1	Definition zur Mensch-Roboter-Interaktion nach Schmidtler
Abbildung 2	Folgerungskette
Abbildung 3	Normenpyramide (erweitert)
Abbildung 4	Bestimmung des Performance Level
Abbildung 5	Zweistufiges Risikokonzept der biomechanischen Grenzwert
Abbildung 6	Umfrageergebnis
Abbildung 7	Zusammenfassung Forschungsbedarf
Abbildung 8	links Fingeralphabet rechts Winkeralphabet
Abbildung 9	Kinect Modul ohne Gehäuse
Abbildung 10	Funktionen von Gesten bei HALIOS Sensoren
Abbildung 11	Auszuführende Funktionen im Versuch wie in Stecher et al.
Abbildung 12	Meist verwendete Gesten wie in Stecher et al.
Abbildung 14	Systemeinflüsse
Abbildung 15	Kinect Fleckenmuster Infrarotlaser
Abbildung 16	Time-of-Flight Prinzip
Abbildung 17	Aufbau Datenhandschuh
Abbildung 18	Bedeutung von Gesten in unterschiedlichen Kulturen
Abbildung 19	Beschäftigungsstatistik (Auszug) Jahre 2013/2014
Abbildung 20	links: Verschiedene Hand-/Fingerformen und Größen rechts: Detektionsbild einer Hand
Abbildung 21	Komplexes Konstrukt - Hand
Abbildung 22	Sender – Empfänger – Modell
Abbildung 23	Primäre Gesten
Abbildung 24	Sekundäre Gesten erster Teil
Abbildung 25	Sekundäre Gesten zweiter Teil

Abbildung 26	Phasen des Forschungsprojekts Entwicklung einer Gestensteuerung
Tabelle 1	Übersicht über Kollaborationsarten nach DIN EN ISO 10218-1 21

Abstract

Kollaborierende Roboter – Aspekte der Arbeitssicherheit auf dem Weg zur Vollautomatisierten Produktion

Stichwörter: Mensch-Roboter-Kollaboration, Mensch-Maschine-Interaktion, COBOTS, Gesten-steuerung, Kollaborierende Roboter, Arbeitsschutz, Robotersteuerung, Industrie 4.0

Ein stetig steigender Automatisierungsgrad und die nächste Stufe der industriellen Revolution bringen neue Herausforderungen im Bereich der Arbeitssicherheit mit sich. Aber nicht nur die Sicherheit der Systeme, sondern auch die Funktionalität steht auf dem Prüfstand. Flexiblere Produktion funktioniert – heutzutage noch nicht ohne den Menschen – deshalb ist es notwendig, dass Mensch und Maschine enger zusammenrücken. Trotz bereits vieler Produkte, die sich auf den Markt befinden, um, im speziellen, Mensch-Roboter-Arbeitssysteme zu realisieren, herrscht hier noch Zurückhaltung. Ein System, in dem Mensch und Maschine Hand in Hand arbeiten ist, einerseits vielen zu risikoreich, andererseits sehen viele noch Handlungsbedarf bei der Funktionalität. Dies führt zu dem Ansatz, dass wenn eine Verbesserung der Funktionalität erreicht und gleichzeitig die Stabilität des Sicherheitssystems gewährleistet wird, die Interessen überwiegen und die abwartende Haltung aufgegeben wird. Um dies zu erreichen, behandelt die Bachelorarbeit die Grundlagen für die Implementierung einer Gestensteuerung für Industrieroboter. Dabei gilt es die drei Haupteinflussfaktoren Technik, Mensch und Umgebung so aufeinander abzustimmen, dass Funktion und Sicherheit unter allen Umständen gewährleistet wird. Um dies zu erreichen, wird im nachfolgenden Forschungsprojekt, auf die Technologie der virtuellen Realität (VR) zurückgegriffen. Der große Vorteil der VR ist die gefahrlose Durchführung der Forschung. Diese Arbeit und das nachfolgende Forschungsprojekt liefern somit wieder einen weiteren Baustein für die kommende Industrie 4.0.

Collaborative robots – aspects of job safety on the way to fully automated production

Keywords: Human-robot collaboration, human-machine interaction, COBOTS, gesture control, collaborative robots, industrial safety, robot control, industry 4.0

An ever-increasing degree of automation and the next stage of the industrial revolution bring new challenges in the field of labor security. But not only is the security of the systems, but also the functionality put to the test. More flexible production works - today is not without the people - it is therefore necessary that man and machine closer together. Despite already many products that are on the market in order to realize the special, human-robot work system, there is still reluctance. A system where working human and machine hand in hand, on the one hand many too risky, on the other hand see a lot more action in terms of functionality. This leads to the approaches that if an improvement of functionality is achieved while ensuring the stability of the security system outweigh the concerns and see attitude is abandoned. To achieve this, the thesis deals with the basics for the implementation of a gesture control for industrial robots. It applies the three main factors engineering, human and environment coordinated with one another, that function and safety will be ensured under all circumstances. To accomplish this, the technology of virtual reality (VR) is in the following research project, resorted. The major advantage of VR is the safe execution of research. This work and the subsequent research project thus deliver again another building block for the upcoming industry 4.0.

1. Einleitung

Sicherheit und Rentabilität sind zwei wichtige Aspekte bei Überlegungen neue Automatisierungstechnik in der Produktion zum Einsatz zu bringen. Dabei ist der Aspekt der Sicherheit nicht nur unter dem Gedanken eines guten Images für die Firma oder unter einem verantwortungsbewusstem, unternehmerischen Handelns zu sehen. Das Recht auf Leben und körperliche Unversehrtheit wird nach Art. 2 Abs. 2, des Grundgesetzes der Bundesrepublik Deutschlands (GG), jedem gewährt[1]. Aus diesem Grundsatz folgen weitere Gesetze, Verordnungen und Normen sowie weitere Vorschriften und Regeln, die nicht immer den Stellenwert eines Gesetzes haben aber dennoch zu beachten sind. Diese Fülle an Vorschriften und den damit verbundenen Standard, den sie gewährleisten, gab es allerdings nicht von Anfang an.

1.1 Produktion im Wandel

Zu Beginn der Industrialisierung war die Hauptintention, den Profit zu steigern. Dies wurde durch den Einsatz von Maschinen und einem, zum Handwerk abgeänderten, Arbeitsablauf erreicht. „Auch die Konsumgesellschaft entsteht letztlich nur, weil durch die industrielle Produktion Waren nicht mehr in Handarbeit, sondern mit Maschinen hergestellt werden. Dadurch nämlich sinken die Produktionskosten, während gleichzeitig die Produktivität steigt."[2] Die Massenproduktion, die standardisierte Produkte auf den Markt brachte, leitete ein neues Zeitalter ein. Durch die Verfügbarkeit von mehr und bis dato teureren Produkten stieg aber auch der Anspruch an die Lebens- und Arbeitsbedingungen. Zwischen 1883 und 1889 wurden durch Reichskanzler Otto von Bismarck (1871 bis 1890) die Sozialversicherung, mit den drei Säulen[3] Krankenversicherung (1883), Unfallversicherung (1884) und Rentenversicherung (1889), eingeführt.[4] Auch wenn durch die Sozialversicherungen die Menschen abgesichert waren, ist die beste Absicherung, präventiv mögliche Gefahren auszuschalten. Die Vermeidung von Unfällen im

---

[1] vgl. [1] Grundgesetz für die Bundesrepublik Deutschland (idFv. 23.12.2014) § 2 Abs. 2

[2] [2] Kelch, Franziska: Industrialisierung und Arbeiterbewegung; http://blog.zeit.de/schueler/2014/01/23/industrialisierung-geschichte-revolution/ Zugriff 29.12.2015

[3] Arbeitslosenversicherung wurde 1927 eingeführt, Pflegeversicherung 1995 - damit Heute: 5 Säulen, vgl. [3] o.V.: Soziale Sicherheit in Deutschland; http://www.deutsche-sozialversicherung.de/index.html Zugriff 29.12.2015

[4] vgl. [4] o.V.: Bismarcks Sozialgesetze 1883 BIS 1889; https://www.bmas.de/SharedDocs/Downloads/DE/PDF- Publikationen/a212-infoblatt-sozialgeschichte.pdf?__blob=publicationFile Zugriff 29.12.2015

Betrieb hat heutzutage einen hohen Stellenwert. Nicht nur Gesetzgeber, Berufsgenossenschaften und die Öffentlichkeit fordern einen Schutz der Arbeiter, auch der finanzielle Aspekt spielt hierbei eine wichtige Rolle. Ausfalltage kosten den Unternehmer gleich in zweierlei Hinsicht Geld. Zum einen fehlt der Arbeiter und kann keine Leistung für das Unternehmen erbringen, zum anderem steigen, durch Unfälle, auch die Beiträge für die gesetzliche Unfallversicherung. Der „durch einen Unfall entstandene monetäre Verlust ist hoch und wird meistens unterschätzt. Bezogen auf die Industrie liegen die Kosten für einen Arbeitsunfall mit einer durchschnittlichen Arbeitsunfähigkeit von 15 Tagen bei etwa 7.500,00 Euro."[56] Auch wenn durch die Industrialisierung viele Arbeiten von Maschinen übernommen werden, kann auf den Produktionsfaktor Mensch (noch) nicht verzichtet werden. Um den Menschen vor den Gefahren durch Maschinen zu schützen, ist es am einfachsten, die beiden Partner, Mensch und Maschine, räumlich voneinander zu trennen. Mit Einführung der ersten Roboter in die Produktion, um 1970, war dies selbstverständlich. Mit steigendem Automatisierungsgrad, dem globalen Wettbewerb und dem Kundenwunsch nach mehr Individualität der Produkte, steht die räumliche Trennung der beiden Systempartner nun aber auf dem Prüfstand. Auch wenn viele Produktionsabläufe komplett automatisiert ablaufen können, kommen diese, rein technischen Systeme, an ihre Grenzen.

1.2 Bedeutung und Herausforderungen von Mensch-Maschine-Systemen

Werden beide Systempartner zusammengebracht ergeben sich daraus Vorteile hinsichtlich der Flexibilität und körperlicher Entlastung des Menschen. Gleichzeitig aber zusätzliche Anforderungen an den Arbeitsschutz. Dazu heißt es, in dem Schriftstück Automation 2020, der VDI/VDE-Gesellschaft: „Der heutige Sicherheitsstandard in der Automation und durch die Automation muss auch in Zukunft gewährleistet bleiben."[7] Bei den kollaborierenden Systemen, müssen diese Sicherheitsstandards unter allen Umständen erfüllt werden, da hier, aufgrund der direkten Zusammenarbeit schnell schwere Verletzungen eintreten können. „Obgleich kollaborierende Roboter selbst immer sicherer werden, gilt es eine Reihe

---

[5] [5] o.V.: Kosten eines Unfalls; http://www.diemer-ing.de/newsletter/2007-09/Wirtschaftliche_Aspekte_Praevention.html Zugriff 29.12.2015

[6] Angaben der ausfallbedingten Kosten pro Tag reichen von 500 Euro bis 1000 Euro vgl. [5]

[7] [6] Bretthauser, Georg; Gerlach, Gerald, et al.: Automation 2020 (2. Auflage); https://www.vdi.de/fileadmin/vdi_de/redakteur_dateien/gma_dateien/GMA_Automation_2020_Internet_2Auflage.pdf Zugriff 30.12.2015

von Schutzmaßnahmen rund um ihren Einsatz zu treffen."[8] Den ein Ausfall oder eine „technische Panne" kann nie ganz ausgeschlossen werden.[9] Um zu entscheiden welche Risiken auftreten und welche Schutzmaßnahmen zu treffen sind, ist eine Einteilung der Systeme wichtig. Dazu gibt es mehrere Möglichkeiten.

Bei Mensch-Maschine-Systemen kann einmal dahin gehend unterschieden werden, ob sie sich im industriellen Einsatz befinden oder im Servicebereich. Das Aufgabenspektrum des Serviceroboters wird dabei wie folgt definiert:

„Ein Servicerobter ist eine frei programmierbare Bewegungseinrichtung, die teil- oder vollautomatisch Dienstleistungen verrichtet. Dienstleistungen sind dabei Tätigkeiten, die nicht der direkten industriellen Erzeugung von Sachgütern, sondern der Verrichtung von Leistungen für Menschen und Einrichtungen dienen."[10][11]

In dieser Arbeit wird vorrangig die industrielle Anwendung betrachtet. Der Servicebereich wird vor allem zu Vergleichszwecken herangezogen.

Eine andere Unterscheidung zielt auf die Art der Interaktion ab. Abbildung 1 zeigt eine Unterscheidungsmöglichkeit nach Schmidtler[12]. Dabei erfolgt die Kategorisierung anhand der vier Kriterien *Arbeitsplatz*, *Arbeitszeit*, *Ziel* und *Kontakt* in aufsteigender Reihenfolge.[13] Die Mensch-Roboter-Interaktion wird hierbei in drei Bereiche abgegrenzt. *Koexistenz* beschreibt danach das Arbeiten im selben Raum zur selben Zeit. *Kooperation* wird durch ein gleich gelagertes Ziel erreicht, das beide Systempartner anstreben. Die direkte Zusammenarbeit, die *Kollaboration*, zeichnet sich zudem durch einen Kontakt der beiden Akteure aus. Dies heißt nicht unbedingt, dass sie sich berühren müssen, der Kontakt kann auch durch Befehle

---

[8] [7] Speckner, Christine; Sinß, Falk: Ohne Tuchfühlung mit Kollege Roboter. In: Arbeit und Gesundheit (2012) Auflage 11/12; http://www.arbeit-und-gesundheit.de/2/1553 Zugriff 30.12.2015

[9] vgl. [7]

[10] [8] Schraft, Rolf Dieter; Volz, Hansjörg: Servicerobter. Innovative Technik in Dienstleistung und Versorgung. Berlin, Heidelberg: Springer, 1996.

[11] [9] Graf, Birgit: Servicerobotik: Definition und Potential; https://www.uni-due.de/imperia/md/content/wimi-care/wb__5_.pdf Zugriff 30.12.2015

[12] [10] Schmidtler, Jonas et al.: Human Centered Assistance Applications for the working enviroment of the future. In: Occupational Ergonomics September 2015 S.84f; www.researchgate.net/publication/282074313_Human_Centered_Assistance_Applications_for_the_working_environment_of_the_future Zugriff 20.10.2015

[13] vgl. [10] (Übersetzt)

erfolgen. Bei der Betrachtung über die nötigen Absicherungsmaßnahmen zum Schutz des Menschen ist es wichtig, zu wissen, in welchem Bereich der Interaktion man sich befindet. Bei der Kollaboration ist, wie schon dargestellt, ein Kontakt zwischen den Systempartnern vorhanden. Dies bedeutet, dass hier umfassendere Sicherheitsmaßnahmen durchzuführen sind.

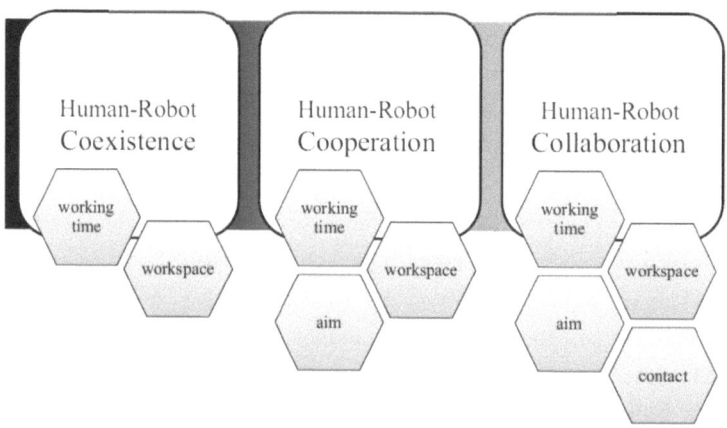

Abbildung 1 Definition zur Mensch-Roboter-Interaktion nach Schmidtler[14]

Doch warum wollen Unternehmen, die vormals getrennten Partner enger zusammenbringen?

Ein Grund ist die Entlastung des Menschen durch den Roboter. Bisher mussten Arbeiter auch Aufgaben ausführen, die aus gesundheitlicher und im besonderem aus ergonomischer Sicht unvorteilhaft sind. Das Bewegen von schweren Gegenständen oder Arbeiten, die nur durch Körperverdrehungen möglich sind, können zum Ausfall der Arbeitskraft führen. Selbst auf den ersten Blick einfache Arbeitsschritte, können bei häufiger Wiederholung schnell zu Rückenbeschwerden führen.[15] Dies verdeutlichen auch Studien der Krankenkassen. Laut Krankenstandanalyse der DAK betrug der Anteil der Muskel-Skelett-Erkrankungen, im ersten

---

[14] Abbildung 1: nach Schmidtler [10]

[15] vgl. [11] Nördinger, Susanne: Audi: Mensch-Roboter-Kooperation in der Serienfertigung; http://www.produktion.de/technik/automatisierung/audi-mensch-roboter-kooperation-in-der-serienfertigung-365.html Zugriff 30.12.2015

Halbjahr 2015, 20,6%[16]. Dies stellt den größten Anteil der Ausfalltage dar. Dieser Aspekt nimmt vor dem Hintergrund einer immer älter werdenden Gesellschaft und dem, auch damit verbundenen, Fachkräftemangel eine stärker werdende Bedeutung ein. Diesen Bedarf zeigt auch Stuart Shepard, Geschäftsführer der US-Tochtergesellschaft von KUKA, auf. „Zahlreiche Faktoren sprechen für einen zunehmenden Bedarf. Marktexperten sehen im Fachkräftemangel des produzierenden Gewerbes mittelfristig einen wichtigen Wachstumstreiber für die Nachfrage nach automatisierten Lösungen."[17] Das Ziel muss es sein, Arbeitskräfte möglichst lange im Unternehmen zu halten und auch deren Leistungsfähigkeit sicherzustellen.

Des Weiteren sind aber auch Arbeiten auszuführen, die derzeit nicht oder nur mit großem Aufwand durch Maschinen erledigt werden können. Das Einsetzen von flexiblen Gegenständen wie z. B. Dichtungen ist für Maschinen nicht so einfach wie für den Menschen. Der Mensch besitzt eine dementsprechende Fingerfertigkeit und kann durch seine Fähigkeit, logisch zu denken, eine Lösung finden und so die Bauteile schnell und sicher montieren. In Zukunft werden diese Tätigkeiten auch Maschinen erledigen, bis dahin kann aber das hybride System, Mensch-Maschine dafür eingesetzt werden.

Ein weiterer wichtiger Aspekt ist die Flexibilität, die insbesondere vor dem Hintergrund der vierten industriellen Revolution gefordert ist. Im Internet der Dinge sollen Systeme sich besser auf schnell ändernde Kundenanforderungen eingehen können. Zur Flexibilität gehört aber auch das richtige Erfassen neuer Situationen und die Entscheidung, was zu tun ist, um das Ziel zu erreichen. Diesen Part übernimmt in einem sozio-technischen-System der Mensch.

Aber auch die Eigenschaften hinsichtlich Wiederholgenauigkeit und fehlende Ermüdung des Roboters sind wichtige Punkte. Werden Arbeiten händisch ausgeführt so ist die gleichbleibende Qualität der Arbeit nicht immer sichergestellt. Das Produkt erhält dadurch, wie es im Handwerk oftmals gewollt, einen individuellen Touch. Für Arbeitsschritte in der Industrie ist dies jedoch nicht vorteilhaft. So heißt es in einem Interview mit Dr. Christian Patron, Leiter Digitalisierung Produktion, BMW Group: „[…]Roboter [vollführen] ihre Verrichtungen mit enormer

---

[16] Werte aus [12] o.V.: Erkältungen treiben Krankenstand hoch; www.dak.de/dak/bundes-themen/Krankenstand-1656608.html Zugriff 23.10.2015

[17] [13] Janetzke, Christian: US-Markt für Industrieroboter mit Wachstumsperspektiven; http://www.gtai.de/GTAI/Navigation/DE/Trade/Maerkte/suche,t=usmarkt-fuer-industrieroboter-mit-wachstumsperspektiven,did=1082654.html Zugriff 30.12.2015

Präzision und das ist für einen Premiumhersteller wie BMW eine wichtige Zielgröße."[18] Individualität wird zwar vom Kunden gefordert, was aber nicht heißt, dass jedes einzelne Bauteil des Endprodukts individuell sein soll. Normenanforderungen hinsichtlich Toleranzen und Sicherheitsfunktionen müssen eingehalten werden. Hierbei kann der Roboter mit seiner Genauigkeit und der fehlenden Ermüdung Punkten.

Die Herausforderungen der Zusammenführung der beiden Partner sind insbesondere:

- Gewährleistung der Sicherheit des Menschen
- Optimale Abstimmung des Mensch-Maschine-Arbeitssystems
- Größtmögliche Flexibilität des Systems
- Ergonomische Gestaltung der Arbeitsumgebung
- Vereinfachung der Steuerung und Programmierung des Roboters

Die oben genannten Herausforderungen beziehen sich auf technische Aspekte oder können durch technische Maßnahmen erreicht werden. Die menschliche Komponente in diesem System, bietet aber noch einen weiteren Gesichtspunkt, der zu untersuchen ist. Dabei gilt: „"Die Wahrnehmung, die Aufmerksamkeit und das Denken der Person darf durch die Arbeitsumgebung und den kollaborierenden Roboter nicht eingeschränkt oder gestört werden.""[19] Das menschliche Verhalten ist ein wichtiger, sehr komplexer und nicht zu unterschätzender Faktor. In einem System mit zwei oder mehr Partnern, sind alle Partner für die Sicherheit des Systems verantwortlich. Wenn der Punkt der Sabotage/Vorsatz einmal außer Betracht gelassen wird, bleiben immer noch

- Müdigkeit
- Konzentrationsschwächen/Ablenkung
- Vorbehalte/Ängste

---

[18] [14] Schreier, Jürgen: „Industrie 4.0 kommt nicht mit einem großem Ruck";
http://www.maschinenmarkt.vogel.de/industrie-40-kommt-nicht-mit-einem-grossen-ruck-a-501048/ Zugriff 30.12.2015

[19] [15] o.V.: Systemergonomische Gestaltung;

http://www.dguv.de/ifa/Fachinfos/Kollaborierende-Roboter/Systemergonomische-Gestaltung/index.jsp Zugriff 30.12.2015

als Ausgangspunkt für Unfälle. Abbildung 2 zeigt hierbei eine Folgerungskette, die sich ergeben kann, auf. Die menschliche Komponente macht es notwendig, dass dieser „Softfaktor" ebenfalls betrachtet und analysiert werden muss.

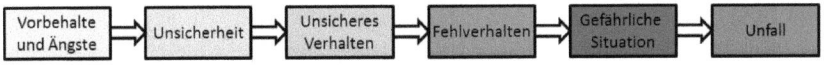

Abbildung 2 Folgerungskette[20]

Die Vorteile des Konzepts eines Mensch-Maschine-Systems zeigen auf, dass es seine Daseinsberechtigung hat. Menschen entlasten und Prozesse beschleunigen oder diese rentabel durchzuführen. Dabei sind hinsichtlich der Arbeitssicherheit aber viele Fragen, die beantwortet werden müssen, bevor ein solches System in Betrieb gehen kann. Die bisherigen Erkenntnisse bzw. Standards werden im folgendem kurz dargestellt und nachfolgend der Handlungsbedarf ermittelt.

---

[20] Abbildung 2: Eigene Abbildung [16]

2. Stand der Technik

Der „Stand der Technik ist der „Entwicklungsstand fortschrittlicher Verfahren, Einrichtungen oder Betriebsweisen, der die praktische Eignung einer Maßnahme zum Schutz der Gesundheit und zur Sicherheit der Beschäftigten gesichert erscheinen lässt. Bei der Bestimmung des Standes der Technik sind insbesondere vergleichbare Verfahren, Einrichtungen oder Betriebsweisen heranzuziehen, die mit Erfolg in der Praxis erprobt worden sind".".[21]

Für die Bestimmung des Standes der Technik, können im Bereich der Maschinen vor allem Richtlinien und Normen herangezogen werden.

2.1 Richtlinien, Normen und Vorschriften für kollaborierende Systeme

Richtlinien, Normen und Vorschriften dienen dazu den Menschen vor Gefahren, die von Maschinen ausgehen können, zu schützen. Grundlegend können bei Systemen, in denen Roboter involviert sind, die Asimov'schen Robotergesetze herangezogen werden.

> „§1 *Ein Roboter darf keinen Menschen verletzen oder durch Untätigkeit zu Schaden kommen lassen!*
>
> §2 *Ein Roboter muss den Befehlen der Menschen gehorchen – es sei denn, solche Befehle stehen im Widerspruch zum ersten Gesetz!*
>
> §3 *Ein Roboter muss seine eigene Existenz schützen, so lange dies nicht im Widerspruch zum ersten und zweiten Gesetz steht!"*

[22]

Auch wenn diese Gesetze von einem Science-Fiction-Autor stammen, zeigen sie den Grundgedanken für die Absicherung des Menschen auf. Dieser Grundgedanke spiegelt sich in Richtlinien und Normen wieder, wobei in diesen Schriften die Forderungen spezifiziert werden. Generell gilt aber, dass nur Gesetze bindend sind und Richtlinien und Normen vereinbarte Grundlagen darstellen. Die Asimov'

---

21 [17] Hertel, Lothar; Oberbichler, Brigitte; Wilrich, Thomas: Technisches Recht. Berlin: Beuth Verlag GmbH, 2015. S.21

22 [18] Böhme, Hans-Joachim; Mensch-Maschine-Kommunikation / Kognitive Robotik; HTW Dresden; SoSe 2012; http://www.htwdresden.de/fileadmin/userfiles/info_math/ KogRob/Lehre/MMK/Vorlesung/MMK_KR_vl_ws2012_teil1.pdf Zugriff: 27.10.2015

schen Robotergesetze stellen hierbei aber kein Gesetz im Sinne von bindendem Recht dar. Zu den relevanten Gesetzen, die zu beachten sind, gehört unter anderem das Arbeitsschutzgesetz (ArbSchG). Dieses verweist in § 4 Abs. 3 darauf, dass für den Schutz der Belegschaft der Stand der Technik zu berücksichtigen ist.[23] Die Anforderungen werden in Europa von der Europäischen Union in dementsprechenden Richtlinien definiert und zur Umsetzung an die Mitgliedstaaten weitergereicht. Maßgebend für den Bereich der Maschinen und insbesondere der Roboter sind folgende Richtlinien:

- Richtlinie 2006/42/EG – Maschinenrichtlinie (MRL)
- Richtlinie 2014/30/EU – Elektromagnetische Verträglichkeit (EMV-R)
- Richtlinie 2014/35/EU – Niederspannungsrichtlinie (NSR)

Des Weiteren sind unter bestimmten Umständen, z. B. Einsatz des Roboters in einem Reinraum oder explosionsgeschützten Raumes, weitere Richtlinien zu beachten.

Dabei zeigt die Maschinenrichtlinie, im Anhang 1 – „Grundlegende Sicherheits- und Gesundheitsschutzanforderungen für Konstruktion und Bau von Maschinen"[24] eine elementare Forderung auf.

„Der Hersteller einer Maschine oder sein Bevollmächtigter hat dafür zu sorgen, dass eine Risikobeurteilung vorgenommen wird, um die für die Maschine geltenden Sicherheits- und Gesundheitsschutzanforderungen zu ermitteln. […]"[25]

Daraus resultiert, dass bereits bei der Durchführung von Entwicklungsprojekten diese Thematik Beachtung finden muss. Um die Beurteilung zu vereinfachen, kann hierbei auf Normen zurückgegriffen werden, die die Richtlinien weiter Spezifizieren und bereits Vorgaben enthalten.

Abbildung 3 zeigt hierbei den Aufbau der Normen für den Bereich der Maschinen. Die Unterteilung findet hierbei in A-, B- und C-Normen statt. Die A-Normen stehen hierbei für grundsätzliche Forderungen, die in diesem Fall, für den Bereich der Maschinen gelten. Bei den B-Normen handelt es sich um Normen, die auf bestimmte Gruppen von Maschinen angewandt werden. Die unterste Ebene, die

---

[23] vgl. [19] Arbeitsschutzgesetz (idFv. 31.08.2015) §4 Abs.3

[24] [20] Maschinenrichtlinie 2006/42/EG; Anhang I, Allgemeine Grundsätze

[25] [20] Maschinenrichtlinie 2006/42/EG; Anhang I, Allgemeine Grundsätze

Ebene der C- Normen, wird letztendlich auf einen bestimmten Maschinentyp z. B. Roboter angewandt.

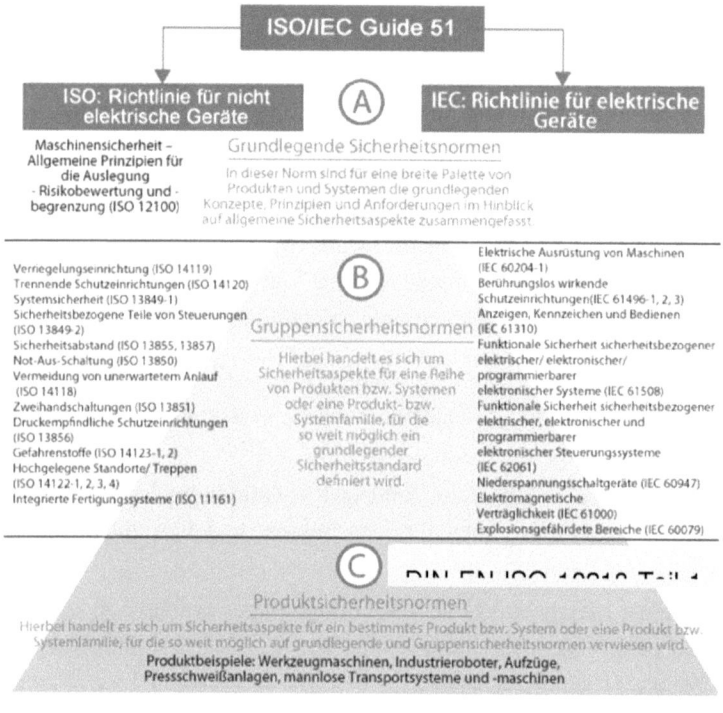

Abbildung 3 Normenpyramide[26] (erweitert)

Die wichtigsten Normen im Bereich der Robotik sind hierbei:

- DIN EN ISO 10218-1

Industrieroboter – Sicherheitsanforderungen – Teil 1: Roboter

- DIN EN ISO 10218-2

Industrieroboter – Sicherheitsanforderungen – Teil 2: Robotersysteme und Integration

---

[26] [21] o.V.: http://www.keyence.de/Images/safetyknowledge_machine_img02.jpg , Zugriff 27.10.2015

- DIN EN ISO 13849-1

Sicherheit von Maschinen – Sicherheitsbezogene Teile von Steuerungen – Teil 1: Allgemeine Gestaltungsleitsätze

- DIN EN ISO 13855

Sicherheit von Maschinen – Anordnung von Schutzeinrichtungen im Hinblick auf Annäherungsgeschwindigkeiten von Körperteilen

Eine weitere ISO-Norm, ISO/TS 15066 Robots and robotic devices – Safety requirements for industrial robots – Collaborative operation, ist derzeit in Bearbeitung und wird u. a. in die oben genannten Normen einfließen.

Um entscheiden zu können, welche Gefährdungen auftreten und welche Sicherheitsmaßnahmen zu treffen sind, muss vorab geklärt werden, um welche Art von Kollaborationsbetrieb es sich handelt. Dabei werden laut Norm vier Betriebsarten unterschieden, wie in Tabelle 1 dargestellt.

Betriebsart	Beschreibung/Anforderungen
Sicherheitsbewerteter überwachter Halt	Betritt eine Person den Kollaborationsraum, so muss der Roboter sofort stoppen oder, alternativ seine Fahrt verlangsamen und stoppen.
Handführung	Bei der Handführung wird der Roboter direkt durch den Menschen gesteuert. Die Ausrüstung für die Handführung muss sich nahe dem Endeffektor befinden. Im Handführungsbetrieb muss der Roboter in sicherheitsbewerteter überwachter Geschwindigkeit betrieben werden.
Geschwindigkeits- und Abstandsüberwachung	Bei dieser Betriebsart muss der Roboter mit einer festgelegten Geschwindigkeit verfahren, sowie einen vorab definierten Mindestabstand zur Person einhalten.
Leistungs- und Kraftbeschränkung	Bei überschreiten eines voreingestellten Grenzwertes muss der Roboter sofort stoppen. Die Grenzwerte werden in der ISO 15066 festgelegt, die derzeit in Bearbeitung ist.

Tabelle 1 Übersicht über Kollaborationsarten nach DIN EN ISO 10218-1[27]

---

[27] vgl. [22] DIN EN ISO 10218-1:2012-01

Unabhängig von der Betriebsweise muss die Steuerung des Roboters spezielle Anforderungen hinsichtlich des Erhalts der Sicherheitsfunktion besitzen. Grundsätzlich fordert die Norm PLd Kategorie 3, wobei Abweichungen möglich sind. „Der Performance-Level (PL) ist ein Maß für die Zuverlässigkeit einer Sicherheitsfunktion."[28] Die Norm fordert hierzu folgende Leistungsanforderungen:

- Ein einzelner Fehler führt nicht zum Verlust der Sicherheitsfunktion.
- Tritt ein einzelner Fehler auf muss die Sicherheitsfunktion immer ausgeführt werden und muss aufrechterhalten werden, bis der Fehler behoben ist.
- Alle vernünftigerweise vorhersehbaren Fehler müssen erkannt werden.
- Ein einzelner Fehler muss bei oder vor der nächsten Anforderung der Sicherheitsfunktion erkannt werden.[29]

Um grundsätzlich festzustellen welche Kategorie gefordert ist, muss der Performance Level (PL) wie in Abbildung 4 bestimmt werden.

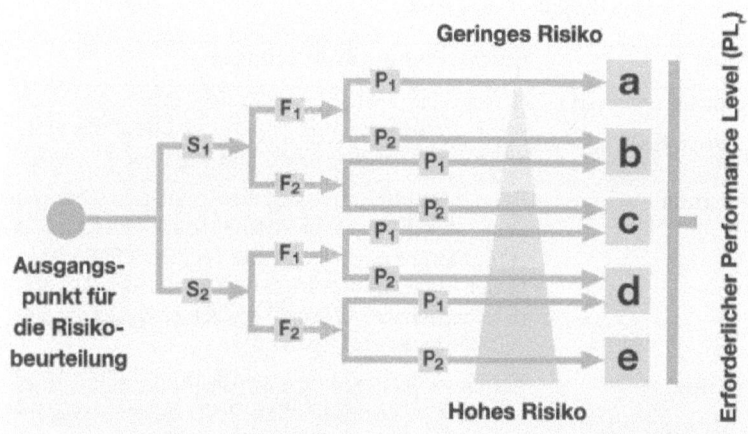

Abbildung 4 Bestimmung des Performance Level[30]

---

[28] [23] Preis, Roman: Wie bestimmt man den Performance-Level nach EN ISO 13849-1?; http://www.ce-kennzeichnung-seminare.de/newsletter/ce-kennzeichnung-newsletter-Performance-Level.pdf Zugriff 28.10.2015

[29] Aufzählung vgl. [22] DIN EN ISO 10218-1:2012-01

[30] o.V.:https://www.pilz.com/imperia/md/images/import/International/050_Know_How/010_Law_and_standards/030_Standards/020_Functional_safety/G-Risikograph-560-DE.gif Zugriff 28.10.2015 [24]

Schwere der Verletzung **S**:

- S1= leichte (normalerweise reversible) Verletzung
- S2= schwere (normalerweise irreversible) Verletzung einschließlich Tod

Häufigkeit und/oder Dauer der Gefährdungsexposition **F**:

- F1= selten bis öfters und/oder kurze Dauer
- F2= häufig bis dauernd und/oder lange Dauer

Möglichkeit zur Vermeidung der Gefährdung **P**:

- P1= möglich unter bestimmten Bedingungen
- P2= kaum möglich[31]

Die Risikobeurteilung, die am Anfang steht, wie Abbildung 4 zeigt, ist auch von den verwendeten Sensoren abhängig.

2.2 Sensoren als Schlüssel zur Zusammenarbeit

Sensoren[32] sind das Äquivalent zu den Sinnen eines Menschen. Durch sie nimmt der Mensch seine Umgebung war und kann durch die aufgenommen Informationen, Entscheidungen über das weitere Vorgehen treffen. Maschinen benötigen ebenfalls die Fähigkeit Umweltinformationen aufnehmen, zu können. Durch Sensoren wird es überhaupt erst möglich, Abläufe zu automatisieren und Systeme autonom laufen zu lassen. Im Bereich der kollaborierenden Roboter bekommen Sensoren eine weitere wichtige Aufgabe. Sie sollen nicht nur dafür sorgen, dass Systeme autonom laufen, sondern vor allem das der Mensch vor Gefahren durch den Roboter geschützt wird. Sensoren können auch für beide Zwecke, Aufgabe erfüllen und Schutz des Menschen, genutzt werden.

---

[31] Aufzählung vgl. [25] o.V.; http://www.industrie.de/bilder/ea/2007-09/600x/thumb_ea09070018_tif.jpg Zugriff 31.12.2015

[32] Definition: „"Ein Sensor (lateinisch: Sensus = der Sinn) ist ein mechanisch-elektronisches Bauteil, das eine gemessene physikalische oder chemische Größe […] in ein elektrisches Signal umwandelt"" [26] Piper, Sonja.: Sensoren und Aktoren von autonomen Robotern; https://www.uni-muenster.de/imperia/md/content/fachbereich_physik/technik_didaktik/sensoren_aktoren_roboter.pdf Zugriff 28.10.2015

Grundsätzlich lassen sich Sensoren hinsichtlich der Aufnahme von Informationen und der Position unterscheiden. Um nachfolgend Entscheidungen treffen zu können, welche Sensoren zum Einsatz kommen, werden beide Unterscheidungsmerkmale dargestellt.

Aktive und Passive Sensoren[33]

Aktive Sensoren senden ein Signal aus welches, dessen Reflexion die Information beinhaltet. Der große Vorteil dieser Sensortypen ist, dass sie nur wenig von der Umgebung abhängig sind. Jedoch können bei Verwendung ähnlicher oder gleicher Sensoren, Fehlinformationen auftreten. Dadurch, dass die Sensoren alle ein sehr ähnliches Signal aussenden, kann die Detektion massiv beeinträchtigt werden. Das gleiche gilt, wenn in der Umgebung, gleich gelagerte Signale auftreten können, z. B. Maschinen die Ultraschallfrequenzen erzeugen, würden Ultraschallsensoren stören. Abhilfemaßnahmen können hier sein, eine geschickte Anordnungen von Sensoren, ein wechselseitiges Abschalten oder ein Wechsel des Signals, beispielsweise bzgl. der Frequenz.

Passive Sensoren hingegen beziehen ihre Informationen rein aus den Empfangenen Signalen der Umgebung. Dies bedeutet, dass sie stark von der Umgebung abhängig sind. Das zu detektierende Signal muss in ausreichender Stärke vorhanden sein und die Umweltbedingungen sollen möglichst konstant sein. Kommt es zu starken Schwankungen der Umweltbedingungen, kann es zum Ausfall oder Fehlern bei der Auswertung von Kamerasignalen kommen.

Positionierung von Sensoren

Wie bei den aktiven Sensoren schon erwähnt, spielt die Position des Sensors eine entscheidende Rolle. Ziel ist es keine „blinden Zonen" und keine gegenseitige Störung zu haben. Dabei können zwei Positionsarten unterschieden werden:

Die Positionierung direkt am Arbeitsplatz wird auch als **allozentrische Anordnung** bezeichnet. Dabei werden die Sensoren z. B. an Einzäunungen montiert. Der Vorteil ist, dass immer ein Bereich fix erfasst wird – es kommt i. d. R. zu keiner Bewegung des Sensors. Der Nachteil bei dieser Positionierung ist, dass es bei Bewegungen im Arbeitsraum, z. B. durch den Roboter, zu Abschattungen im Detektionsraum kommen kann.

---

[33] u.E. [27] Ostermann, Björn: Entwicklung eines Konzepts zur sicheren Personenerfassung als Schutzeinrichtung an kollaborierenden Robotern; http://elpub.bib.uni-wuppertal.de/servlets/DerivateServlet/Derivate-4094/dd1401.pdf Zugriff 29.10.2015, S. 61ff

Werden die Sensoren direkt am Arbeitsmittel, z. B. dem Roboter, montiert, so wird von einer **egozentrischen Anordnung** gesprochen. Diese Sensoren können sich intern, im Arbeitsmittel befinden z. B. Kraft-/Leistungsmessung oder am Arbeitsmittel montiert z. B. Kamera. Die internen Sensoren finden vor allem Anwendung bei Schutz vor Überlast oder bei der direkten Zusammenarbeit von Mensch und Maschine bei der Absicherung durch Abschaltung bei (fehlerhaftem) Kontakt mit dem Menschen. Bei der Verwendung dieser Sensoren ist aber zu beachten, dass sie sich mit der Maschine mitbewegen und deshalb nicht zu jeder Zeit den ganzen Detektionsraum überwachen können.

Im Bereich der kollaborierenden Roboter, zum Personenschutz, werden u. a. folgende Sensoren eingesetzt[34]:

- Optoelektronische Sensoren (Kameras)
    - 2D: Infrarot, Sichtbares Spektrum
    - 3D: Time of flight, Triangulation, Stereo Vision
- Optoelektronische Sensoren (Laserscanner)
    - 2D
    - 3D
- Ultraschallsensoren
- Kapazitive Sensoren
- Radar (Mikrowellen)
- Taktile / Momenten-Sensoren

Um später Sensorsysteme beurteilen und/oder Auswählen zu können werden die vorgenannten Sensortypen kurz dargestellt.

<u>Taktile / Momenten-Sensoren</u>

„Taktile / Momenten-Sensoren haben den Vorteil, dass sie passiv arbeiten und trotzdem in der Praxis kaum durch äußere Einflüsse gestört werden. Aufgrund ihrer Messmethode können sie den Menschen im Arbeitsraum nur dann erfassen, wenn bereits eine Berührung zwischen Mensch und Roboter vorliegt. Ihre Anbringung im Arbeitsraum ist im Wesentlichen egozentrisch am Arbeitsmittel, dem Roboter. Der Einsatz von druckempfindlichen Bodenplatten ist allerdings allo-

---

[34] Auflistung vgl. [27] Ostermann, Björn: Entwicklung eines Konzepts zur sicheren Personenerfassung als Schutzeinrichtung an kollaborierenden Robotern; http://elpub.bib.uni-wuppertal.de/servlets/DerivateServlet/Derivate-4094/dd1401.pdf Zugriff 29.10.2015, S. 61ff

zentrisch. [...] Der Detailgrad der Messung ist abhängig von der Größe der druckempfindlichen Fläche jedes Teilsensors bzw. bei Robotern, die die Momente in den Gelenken messen, auf das Teilstück des Arms beschränkt."[35]

Optoelektronische Sensoren (Kameras)

Kameras nehmen gegenüber den anderen Sensoren die meisten Daten auf. Allerdings sind bei den Mengen an Daten auch Informationen dabei, die für die Steuerung unerheblich sind. Wichtig ist es deshalb die Kamera, auch insbesondere die Optik, so zu wählen, dass diese die gewünschte Information sicher detektiert. Für die weitere Verarbeitung spielt im folgendem die Software eine große Rolle, um Situationen richtig zu interpretieren. Die Anordnung der Kameras ist meist allozentrisch, da hier eine sichere Erfassung des gesamten Arbeitsraumes möglich ist. Jedoch kann eine Montage direkt am Betriebsmittel von Vorteil sein, wenn die Kamera hier als Prüfinstrument oder, bei Robotern, als Bahnkorrektursensor genutzt wird. Bei Verwendung der Kamera als Sicherheitssensor ist darauf zu achten, dass hierbei die Anzahl und Größe der „blinden Flecken" zunehmen können.[36]

Optoelektronische Sensoren (Laserscanner)

„Laserscanner arbeiten, wie der Name schon vermuten lässt, mit Laserlicht. Dabei wird von dem Scanner ein Laserstrahl ausgesandt, welcher dann von der Umgebung wieder reflektiert und von der Empfangsoptik aufgenommen wird. Dabei wird der Strahl über einen Umlenkspiegel, welcher in Rotation versetzt wird, abgelenkt. Dieser Vorgang erfolgt dabei einige hunderttausend Mal in der Sekunde. Das vom Scanner wieder empfangene Laserlicht wird dann entsprechend ausgewertet."[37] Dabei können zwei Messverfahren unterschieden werden:

- Laserscanner mit Impulsmessverfahren
- Phasenvergleichsmessverfahren

---

[35] [27] Ostermann, Björn: Entwicklung eines Konzepts zur sicheren Personenerfassung als Schutzeinrichtung an kollaborierenden Robotern; http://elpub.bib.uni-wuppertal.de/servlets/DerivateServlet/Derivate-4094/dd1401.pdf Zugriff 29.10.2015, S. 61ff

[36] vgl. [27]

[37] [28] o.V.: Funktionsweise eines Laserscanners; http://www.laserscanning-europe.com/de/glossar/funktionsweise-eines-laserscanners Zugriff 30.10.2015

Dabei haben Laserscanner den Vorteil, dass sie schon seit Längerem in sicherheitstechnischen Steuerungen erprobt sind.[38]

Ultraschallsensoren

Ultraschallsensoren senden Schallimpulse oberhalb des hörbaren Frequenzbereichs (> 20 kHz) aus. Diese Ultraschallimpulse werden, wenn sie auf ein Objekt treffen, reflektiert und durch den Sensor aufgenommen. Zu beachten ist, dass umso höher die Frequenz ist desto geringer wird die Detektionsreichweite. Des Weiteren muss, bei Verwendung mehreren Ultraschallsensoren darauf geachtet werden, dass sie sich gegenseitig nicht beeinflussen oder Stören.

Kapazitive Sensoren[39]

Der große Vorteil der kapazitiven Sensoren ist, dass sie Objekte durchdringen können und somit kaum auf die Anwesenheit von z. B. Kunststoffen reagieren. Der menschliche Körper und Metall lassen sich aber deutlich feststellen. Der Nachteil ist die geringe Reichweite von etwas mehr als 10 cm. Dadurch ist er vor allem für die egozentrische, also die Platzierung direkt am Betriebsmittel/Roboter geeignet.

Radar (Mikrowellen)

Bei der Radartechnik (**Ra**dio **D**etection **a**nd **R**anging) werden gebündelte elektromagnetische Wellen ausgesendet die, wie bei einem Ultraschallsensor, reflektiert werden. Das zurückgeworfene Signal wird, je nach Methode, ausgewertet.

Für den Bereich der Absicherung von Menschen sind sie aber derzeit, aufgrund von entstehenden Totzonen, nicht geeignet.

Fazit Sensoren

Die vorangenannten Sensoren stellen eine Auswahl für das Absichern von Personen dar, in denen es auch schon konkrete Ergebnisse oder Anwendungsfälle, wie in 2.3 dargestellt wird, gibt. Zusätzlich zu den oben genannten Sensoren werden weitere Typen Angeboten, die aber für den Personenschutz eher weniger geeignet sind. Zu dieser Gruppe zählen z. B. RFID[40] die die Person nur schützen, wenn sie vom Menschen getragen werden. Diese Arten von Sensoren, sind zwar für den Schutz nicht geeignet, können jedoch für die reine Erfüllung der Aufgabe genutzt

---

[38] vgl. [27]

[39] u.E. [27]

[40] RFID: Radio Frequency Identification

werden. Wichtig ist hierbei, dass nur solche Sensoren für den Personenschutz zum Einsatz kommen die den Menschen ohne Zusatzbedingung, Tragen eines Chips o. ä. schützen.

2.3 Bisherige Anwendungsfelder

Bisher stellt der Einsatz von interaktionsfähigen Robotern, in Deutschland, noch nicht den Regelfall dar. Dennoch sind schon einige Systeme im Einsatz oder in der Erprobung. Zu Beginn gab es neben Sicherheitsbedenken, wie auch heute noch, bedenken seitens der Arbeitnehmervertreter. Mittlerweile stehen die Gewerkschaften den MRK-Systemen durchaus wohlwollend gegenüber, da sie erkannt haben, dass es nicht darum geht, Arbeitsplätze wegzurationalisieren, sondern den Menschen zu entlasten.[41] Bei den bisherigen Anwendungsfeldern können unterschieden werden - angebotene kollaborationsfähige Roboter und tatsächliche, realisierte Anwendungen in der Industrie.

Bei dem Angebot an kollaborationsfähigen Robotern, also Roboter, die mit dementsprechenden Sicherheitsfunktionen ausgestattet sind, handelt es sich meist um Leichtbauroboter. Der Vorteil der Leichtbauweise ist, dass bei einer Kollision nicht die Kräfte, aufgrund der fehlenden Robotermasse, auftreten wie bei einem normalen Industrieroboter. Daraus ergeben sich allerdings eher geringe Traglasten von derzeit unter 40 kg. Dadurch eignen sich die angebotenen Roboter eher für Tätigkeiten mit leichten Bauteilen, da das Gewicht des Werkzeugs ebenfalls noch berücksichtigt werden muss. Die MRK fähigen Roboter bringen aber, je nach Hersteller, zusätzliche interessante Features mit. So kann z. B. der LBR iiwa, von KUKA, in einem Modus betrieben werden, in dem er nachgiebig ist. Durch diesen Modus wird z. B. die Arbeit mit einer Drittmaschine erleichtert, da der Roboter das Bauteil nicht loslassen muss, sondern die Bewegung einfach mitmacht. Andere Hersteller warten in diesem Bereich mit äußerst preiswerten Modellen auf, die dadurch extrem kurze Amortisationszeiten aufweisen (UR-Serie von Universal Robots). Zu den Vertretern der zweiarmigen Robotern zählt z. B. der YuMi, von ABB, der, aufgrund seiner geringen Traglast von ca. 0,5 kg pro Arm, vor allem in der Kleinteilefertigung zum Einsatz kommt.

Bei den bisherigen realisierten Anwendungen zeigt Audi, dass auch ein normaler Roboter, mit dementsprechender Sensorik ausgestattet, kollaborationsfähig ist.

---

[41] vgl. [29] Dierig, Carsten: Die Welt – Wenn der Roboter beim Abwasch hilft; http://www.welt.de/wirtschaft/article139728735/Wenn-der-Roboter-beim-Abwasch-hilft.html Zugriff 30.10.2015

Dieser entlastet im Ingolstädter Werk die Mitarbeiter indem er Kartuschen in der Montage zureicht. Andere Anwender wie Siemens, STIHL oder VW nutzen direkt einen kollaborationsfähigen Roboter. Diese wenigen Anwendungen zeigen auf, dass im Bereich der Mensch-Roboter-Kollaboration noch massiver Nachholbedarf, hinsichtlich Entwicklung und Forschung, in Deutschland besteht.

3. Forschungsbedarf

Wenn von Forschungsbedarf gesprochen wird, geht es meist darum, dass ein neues Themengebiet erschlossen werden soll. Dabei sind vielerlei Fragestellungen zu klären. Wie kann die Funktion erreicht werden? Treten ggf. physikalische oder chemische Anomalien auf? Wie können Konstruktionen realisiert und nachfolgend optimiert werden? Das sind Fragen, die beim Forschen primär zu beantworten sind. Wenn es aber um die praktische Anwendung geht, müssen die Ergebnisse der Forschung – Maschinen, Verfahren, etc. auch sicher sein. Reicht es aus, sich auf Richtlinien und Normen zu verlassen, die speziell dafür erarbeitet wurden oder für ähnliche Maschinen oder Verfahren gelten? Dazu heißt es bei Wilrich et al.: „Trotz Indizierung der Gesetzeserfüllung kann gehaftet werden, wenn in der konkreten Situation die „schlichte" Umsetzung von Normen nicht ausreicht."[42] Hier zeigt sich, dass selbst wenn Normen für einen speziellen Fall vorhanden sind, können die darin geforderten Sicherheitsmaßnahmen nicht ausreichen. „Insbesondere bei Instruktionen und Warnhinweisen können Normen nach der Rechtsprechung lückenhaft sein."[43] Dies zeigt, dass nicht nur Forschungsbedarf im Bereich der Grundlagenforschung besteht, sondern auch bei der Anwendung. Diese Überlegungen führen zu den grundlegend zu beantworteten Fragestellungen.

3.1 Grundlegend zu beantwortende Fragestellungen

Die Hauptthemen befassen sich dabei mit der Sicherheit von Personen und der Anwendung an sich. Die Anwendung oder Gebrauchstauglichkeit der Funktion ist auch für die Sicherheit von Personen wichtig. Das lässt sich dadurch begründen, dass eine Funktion oder ein Ablauf, der dem Ausführenden als hinderlich oder zu umständlich erscheint, gerne umgangen wird. Findet der Mitarbeiter aber einen Weg, einen Ablauf/Funktion zu umgehen, kann die Sicherheit nicht mehr gewährleistet werden. Dabei soll, bezogen auf Roboter und Arbeitsplatz, Folgendes erreicht werden:

- der Werker soll nicht durch den Roboter/Umgebung behindert werden
- es soll keine unnötigen Verzögerungen geben

---

[42] [30] Hertel, Lothar; Oberbichler, Brigitte; Wilrich, Thomas: Technisches Recht. Berlin: Beuth Verlag GmbH, 2015. S.32

[43] [30] Hertel, Lothar; Oberbichler, Brigitte; Wilrich, Thomas: Technisches Recht. Berlin: Beuth Verlag GmbH, 2015. S.32

- das System soll intuitiv bedienbar sein
- die Zusammenarbeit soll für den Menschen angenehm sein
- Vorteile der Arbeit mit dem Roboter sollen für den Werker klar erkennbar sein
- der Arbeitsplatz muss ergonomisch konstruiert sein

Zudem müssen, im Hinblick auf das Internet der Dinge, Industrie 4.0 oder Cyber-Physische-Systeme[44] (CPS) auch noch Fragestellung bezüglich der sicheren Anbindung der Mensch-Roboter-Arbeitssysteme ans Internet beantwortet werden.

Zusammenfassend können die Themengebiete, die Forschungsbedarf aufweisen, folgendermaßen bezeichnet werden:

- Sicherheit
- Aufgabenerfüllung
- Verhalten und Schulung der Mitarbeiter
- Rechtliche Situation

Jedoch gilt, dass das Endsystem in allen Punkten die nötigen „Mindestanforderungen" erfüllt.

Sicherheit

Den Menschen vor Gefahren durch den Roboter zu schützen ist eine der wichtigsten Maßnahmen die erfüllt sein muss, bevor der Roboter/die Anlage in Betrieb gehen darf. Dafür ist es nötig zu wissen, wo Gefahren lauern sowie deren Ursachen aufzudecken.

Eine der größten Gefahren, aufgrund von fehlenden Einhausungen, sind die Bewegungen des Roboters und die damit verbundene Kollisionsgefahr. So schreibt Huelke: „Kollisionen zwischen Mensch und Roboter sind nicht auszuschließen – denn bei kollaborierenden Robotern sind keine trennenden Schutzeinrichtungen

---

[44] Cyber-Physische Systeme: „Cyber-Physical Systems (CPS) are integrations of computation and physical processes. Embedded computers and networks monitor and control the physical processes, usually with feedback loops where physical processes affect computations and vice versa." [31] Lee, Edward A.: Cyber Physical Systems: Design Challenges; http://www.eecs.berkeley.edu/Pubs/TechRpts/2008/EECS-2008-8.pdf Zugriff 03.11.2015

[32] o.V.: Cyber-Physical Systems: Chancen und Nutzen aus Sicht der Automation; https://www.vdi.de/uploads/media/Stellungnahme_Cyber-Physical_Systems.pdf Zugriff 03.11.2015

vorhanden."[45] Für die grundlegende Absicherung sorgen hierbei die biomechanischen Grenzwerte, wie sie in der ISO/TS erarbeitet werden. Dabei ist aber noch zu prüfen wie die Grenzwerte an Arbeitsplätzen, an denen verschieden große Personen arbeiten eingehalten werden können. (Risikokonzept wie in Abbildung 5 zu sehen)

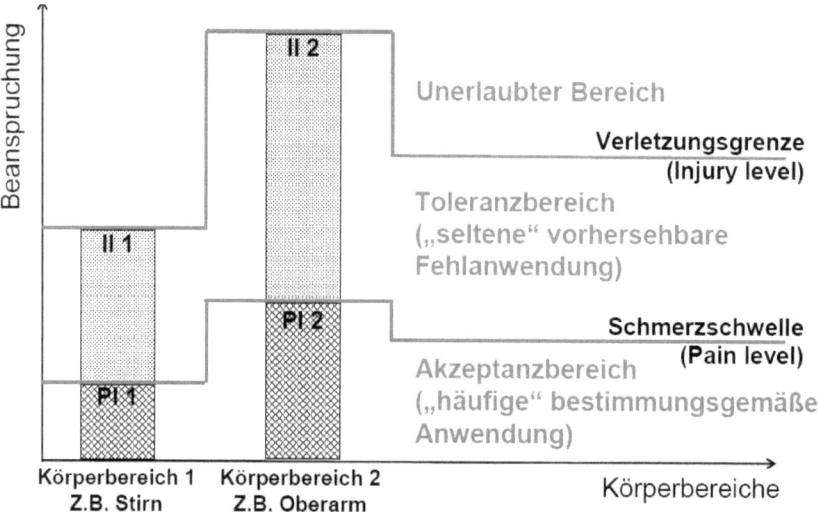

Abbildung 5 Zweistufiges Risikokonzept der biomechanischen Grenzwerte[46]

Des Weiteren gilt zu prüfen:

welche Sensorkonzepte für welche Arbeitsplätze/Einsätze am besten geeignet sind bzw. Konstellationen von Sensoren auf gegenseitige Störung prüfen. Da jeder Arbeitsplatz individuell aufgebaut bzw. eine andere Umgebung aufweist, müssen auch die Sicherheitssensoren individuell ausgesucht und angebracht werden. Hierbei muss die Auswahl und Anordnung nicht nur geplant, sondern auch geprüft werden, sodass dies auch rechtlich abgesichert ist.

---

[45] [33] Huelke, Michael: Arbeitsplätze der Industrie 4.0 – Kollaborierende Roboter. In: DGUV Forum 2015 Ausgabe 3. S.10 http://www.dguv-forum.de/files/594/3_2015_Standard.pdf Zugriff 04.11. 2015

[46] Abbildung 5 [34] Huelke, Michael; Ottersbach, Jürgen: Tagungsbeitrag Sicherheitsnachweis für Kollaborierende Roboter, https://www.vde.com/de/Veranstaltungen/konferenzen/vortraege/fs2013/Documents/20_Huelke.pdf Zugriff 04.11.2015

Ein weiterer wichtiger Aspekt ist die Webanbindung der Automatisierungstechnik. Industrie 4.0, Roboter und im speziellem kollaborierende System sind untrennbar mit der Software verbunden. Ohne Software würde kein Roboter funktionieren. Im Zuge der weiteren Vernetzung, Abrufbarkeit und der Cyber-Physischen-Systeme stellt sich aber die Frage nach der Sicherheit. Hierbei geht es nicht nur darum Daten der Produktion auszuspähen, also Industriespionage, sondern auch darum Sicherheitsprotokolle von Maschinen, Anlagen und Robotern außer Kraft zu setzen. Sind diese Systeme vom Menschen, durch Einhausungen, getrennt erscheint dieser Aspekt vielleicht noch nicht allzu dramatisch. Dieser Punkt bekommt aber eine andere Bedeutung, wenn Mensch und Roboter im selben Arbeitsraum oder sogar Hand-in-Hand arbeiten. Werden Schutzmaßnahmen größtenteils oder ausschließlich mithilfe der Software realisiert, so können bei einem Angriff aus dem Cyberspace heraus diese außer Kraft gesetzt und Menschen verletzt werden. Diese Gefahren werden durch Prof. Dr. Hartmut Pohl, Dozent an der Hochschule Bonn-Rhein-Sieg, untermauert. So heißt es in dem Artikel: Unsichere Robotersoftware birgt Gefahren in der Automations Praxis Nr. 6 / Juni 2014 unter anderem:

- *„"Unsichere Software ist die Achillesferse der Industrie 4.0"[...]*
- *Die fehlende Absicherung gegen Hacker-Attacken sei auch und gerade im Hinblick auf die sichere Zusammenarbeit von Mensch und Roboter fatal [...]*
- *"Der Roboter kann zum Beispiel abgeschaltet werden oder ein Angreifer kann mit dessen Greifarm um sich schlagen lassen. Leib und Leben von Menschen sind in Gefahr"* "[47]

Die Aussagen beziehen sich auf einen Test der weit verbreiteten Robotersoftware ROS die durch den Arbeitskreis Datenschutz und IT-Sicherheit durchgeführt wurden. Generell stellt Pohl aber die Sicherheit der Software, die derzeit auf dem Markt erhältlich ist in Frage, insbesondere mit Blick auf die Nutzung für Industrie 4.0.

Aber auch das Thema Not-Aus steht zur Debatte. Not-Aus Schalter dienen dazu, dass der Mensch bei einer Fehlfunktion oder gefährlichen Situationen die Anlage

---

[47] [35] o.V.: Unsichere Robotersoftware birgt Gefahren. In: Automations praxis 2014 Nr.6 S.1 http://www.automationspraxis.de/c/document_library/get_file?uuid=d238d9bc-9211-4f99-bac6-9daac061c456&groupId=33568397 Zugriff 05.11.2015

abschalten kann. Dabei ist das Konzept nicht nur dafür gedacht, dass der Betroffene Mitarbeiter zum Abschalten in der Lage ist, sondern auch seine Arbeitskollegen. Steigt jedoch der Automatisierungsgrad, sinkt die Zahl der Mitarbeiter, was zur Folge hat, dass sich Arbeitskollegen nicht mehr gegenseitig absichern können. Zudem kommt die engere Zusammenarbeit von Mensch und Maschine hinzu, was zu kürzeren Reaktionszeiten führt. Auch wenn die Absicherung über Sensoren erfolgt, können Fehlfunktionen auftreten, die bei direkter Zusammenarbeit zu schwerwiegenden Konsequenzen führen können.

Aufgabenerfüllung

Bei der Aufgabenerfüllung geht es primär darum dem Roboter Fähigkeiten und Eigenschaften zu geben, sodass er die ihm zugewiesenen Aufgaben erfüllen kann.

Dazu gehört unter anderem das Greifen von Gegenständen. Für Gegenstände, die immer am selben Platz und in der gleichen Position liegen ist, dies eine Standardfunktion. Liegen aber Objekte vermischt, muss der Roboter erkennen, wie der Gegenstand liegt und wissen, wie er ihn aufnehmen soll. Der Vorteil bei einen solchen System wäre nicht nur die größere Flexibilität, sondern auch ein verminderter Programmieraufwand. Für die Realisierung wird eine passende Sensorik benötigt, die die nötigen Informationen für den Vorgang bereitstellt, sowie eine Auswertungssoftware. Als Erweiterung dieser Handlungskompetenz könnte ein direkter Zugriff auf das Warenwirtschaftssystem, mit Informationen zu einzelnen Bauteilen (Größe, Form, Farbe, Greifpunkte,…), das System weiter autonomer werden lassen. Dabei kann auch gleichzeitig eine Falschteilüberprüfung stattfinden.

Als nächster Schritt für das um Roboter autonomer werden zu lassen und die Zusammenarbeit mit den Menschen effizienter zu gestalten, wäre eine Vorstufe zur künstlichen Intelligenz. Dabei soll der Roboter mittels Software eine Lernfunktion erhalten, durch die er in der Lage ist, ähnliche Bauteile zu erkennen und selbstständig entscheiden kann, wie er diese zu Handhaben hat. Dadurch können auch Bauteile vom Roboter bewegt werden, die individuell oder in Kleinserien gefertigt werden.

Das Handhaben von flexiblen Bauteilen stellt für den Menschen aufgrund seiner Fingerfertigkeit keine großen Probleme dar. Anders sieht dies beim Roboter aus. Bei Gegenständen, die z. B. durch Rüttelbewegungen eingefügt werden können, kann der Roboter zum Einsatz kommen. Ist es mit dieser Bewegungsform allerdings nicht möglich die Arbeit zu erledigen, kommt der Mensch wieder zum Einsatz. Für die Erledigung solcher Arbeiten benötigt der Roboter, mithilfe eines geeigneten Werkzeuges, ebenfalls die Fähigkeiten wie sie die Hände aufweisen. Die Konstruktion von einem dementsprechenden motorisch feinen Werkzeug (Roboterhand) sowie eine Software, die es dem Roboter ermöglicht Bewegungen zur Zielerfüllung auszuüben, würde die Effizienz von MRK- Systemen deutlich steigern.

Die Flexibilität von MRK Systemen beschränkt sich nicht nur auf die Vielseitigkeit der Roboter bezüglich der Handhabung von Gegenständen, sondern auch auf die Mobilität. Um zu ermöglichen, dass Roboter auch den Arbeitsplatz wechseln kann gibt es mehrere Möglichkeiten:

- per Hand umsetzen
- Roboter auf Schienensystem
- autonom fahrende Roboter

Das Umsetzen per Hand funktioniert bei Leichtbaurobotern relativ einfach, da sie mit einem geringen Gewicht glänzen. Jedoch führt dies zu einem zusätzlichen Arbeitsschritt. Wenn der Roboter auf einem Schienensystem montiert ist kann er selbständig die Arbeitsplätze anfahren oder Bereiche für Menschen freigeben. Der Nachteil hierbei ist, dass er in seinem Bewegungsbereich eingeschränkt ist. Das autonome fahren verleiht dem Roboter weitere Freiheitsgrade, die das Arbeiten mit ihm flexibler machen.

Vor jedweder Umsetzung einer Funktion beim Roboter steht das Programmieren oder Teachen. Dazu müssen die Bewegungsabläufe eingegeben, sowie die Auswertung der Sensoren programmiert werden. Diese Programmierung wird von speziell ausgebildeten Fachkräften vorgenommen, die sich meist nur mit diesem Thema befassen. Das führt dazu, dass das Programmieren einerseits sehr teuer ist und andererseits eine Abhängigkeit von wenigen Fachkräften in der Firma bzw. von extern besteht. Im Zuge der vierten industriellen Revolution sollen Systeme aber schneller und vor allem flexibler sein. Dies führt dazu, dass die bisherigen Programmierkonzepte abgeändert werden müssen. Programmieren durch einfache Handführung oder durch Vormachen der Aufgabe wären Vorgänge, die auch von weniger qualifizierten Mitarbeitern auszuführen wären. Auch eine intuitivere Programmierung würde schon dazu beitragen, dass mehr Mitarbeiter die Möglichkeit haben den Roboter zu präparieren.

Eine einfachere Programmierung sorgt dafür, dass sich Änderungen bei den Arbeitsschritten schneller realisieren lassen. Besser wäre, wenn der Roboter einfacher zu Steuern wäre. Dies würde ihn noch deutlich flexibler machen und der Mensch erhält das „Kommando", insbesondere hinsichtlich des Taktes wieder. Zudem kommt noch hinzu, dass durch die Befehlsgewalt der Werker genau weiß, was der Roboter als Nächstes tut. Bisher steht das Konzept der Handführung schon zur Verfügung. Dabei wird mittels eines, meist tragbaren, Panels der Roboter gesteuert. Das Tragen dieses Panels kann aber auch hinderlich oder, aufgrund der Verkabelung, die Bewegungsmöglichkeiten einschränken. Um diesen Nachteil auszuräumen, wäre eine Kommunikation wie zwischen Menschen hilfreich. In anderen Bereichen der Technik werden schon Sprach- oder Gestensteuerung eingesetzt. Entwicklungsarbeit in diesem Bereich würde die Flexibilität von MRK- Systemen noch weiter steigern und es auch gering qualifizierten oder älteren Arbeitnehmern ermöglichen komplexe Maschinen, einfach zu bedienen.

<u>Verhalten und Schulung</u>

Wie schon in der Einleitung erwähnt, sind in einem System mit zwei oder mehr Partnern, alle Partner für Sicherheit, wie auch für die Funktion des Systems verantwortlich. Die Funktion der technischen Einheit Roboter, ist hierbei an Programmierung und Sensorwerte gebunden. Bei der sozialen Einheit Mensch gestaltet sich dies jedoch ungemein komplexer. Jede Person stellt ein Individuum dar, was dazu führt, dass jeder anders agiert und reagiert. In vielen Situationen fallen Reaktionen zwar ähnlich oder gleich aus, jedoch gibt es immer wieder mehr oder weniger große Unterschiede. In einer Situation, in der Menschen eng mit dem Roboter zusammenarbeiten, sind eben diese Unterschiede entscheidend für die Sicherheit.

Dabei gilt es zunächst das Verhalten von Mitarbeitern in MRK-Zellen, zu prüfen. Bisher waren die Systempartner voneinander getrennt und nur zu Wartungs- oder Programmierzwecken kamen sich Mensch und Roboter nahe. Doch wie Verhalten sich Menschen die nun eng mit dem Roboter zusammenarbeiten? Hierbei gilt es vor allem die Hauptparameter für Unbehagen in dieser Partnerschaft herauszufinden. Zu überprüfen sind hier beispielsweise die Größen: Geschwindigkeit, Lautstärke, Bewegungsrichtungen, ... Die Geschwindigkeit ist insbesondere ein interessanter Faktor, wenn die Räume, Kollaborationsraum und nicht Kollaborationsraum, virtuell eingestellt werden. Diese Funktion ermöglicht es über Einstellungen in der Software Grenzen zu setzten. Da diese aber für den Menschen in der MRK- Zelle nicht sichtbar sind, ist zu Prüfen welche Geschwindigkeiten und Bewegungsrichtungen als unangenehm empfunden werden. Das gleich gilt für die

Lautstärke die durch den Roboter verursacht wird. Ist es zu Laut wird dies als störend oder lästig empfunden. Verfährt der Roboter aber so leise, so dass er kaum noch zu hören ist, fehlen aber die Informationen über Geschwindigkeit und Ort. Herauszufinden sind somit die Haupteiflussgrößen die die grundlegende Zusammenarbeit von Mensch und Roboter ermöglichen.

Ein weiterer wichtiger Aspekt, der auch in der Maschinenrichtlinie gefordert wird, ist die Einbeziehung der vorhersehbaren Fehlanwendung/-gebrauch bzw. wie in der MRL beschriebe die „Verwendung unter [...] vorhersehbaren ungewöhnlichen Bedingungen".[48] Dabei wird der Fehlgebrauch laut Norm wie folgt definiert: „Anwendung eines Produkts in einer Weise, die nicht von Produzent oder Lieferant beabsichtigt ist, die sich jedoch aus vorhersehbarem menschlichen Verhalten ergeben kann."[49][50] Die Abgrenzung von bestimmungsgemäßer Verwendung zur vorhersehbaren Fehlanwendung mag noch relativ einfach sein. Die Frage, die sich stellt ist: „Welche Fehlanwendungen müssen nicht mehr berücksichtigt werden, fallen also nicht unter den Begriff der vorhersehbaren Fehlanwendungen?" Zur Beantwortung dieser Frage müssen eine Vielzahl von Parametern einbezogen werden wie z. B.: Müdigkeit, Alter, Links-/Rechtshänder, ...

Bevor jemand an einer Maschine zu Einsatz kommt, müssen die Mitarbeiter ausgewählt und eingewiesen werden. Für andere Maschinenarbeitsplätze werden sich im Vorfeld Gedanken darüber gemacht, welche Eigenschaften der Bediener mitbringen muss, um sicher und effizient daran arbeiten zu können. An Maschinen, bei denen sich die Sicherheitsmaßnahmen schon bewährt und die Arbeit vergleichbar zu Vorgängermodellen ist, kann auf Erfahrungswerte zurückgegriffen werden. Bei den MRK-Arbeitsplätzen ist dies nicht der Fall. Diesbezüglich kann geprüft werden, ob ein praktikabler Kurztest für diesen Fall bessere Ergebnisse bei der Auswahl bringt. Aber unabhängig durch welche Methode der Mitarbeiter für den MRK-Einsatz gefunden wird – muss eine Unterweisung erfolgen. Dieser Umstand kann aber auch dazu genutzt werden, um Fehler oder Verbesserungen vorzunehmen. Dazu ist es aber notwendig, dass dies in einer möglichst frühen Phase der Planung geschieht. Hierbei steht das Thema Simulation wieder im Vor-

---

[48] [20] Maschinenrichtlinie 2006/42/EG; Anhang I, Allgemeine Grundsätze

[49] [36] DIN EN 82079-1

[50] [37]Görs, Britta: Was ist bestimmungsgemäße Verwendung und was vorhersehbarer Fehlgebrauch?; http://www.brittagoers.de/was-ist-bestimmungsgemaesse-verwendung-und-was-vorhersehbarer-fehlgebrauch/ Zugriff 09.11.2015

dergrund. Wenn das System schon im Vorfeld, mit den vorgesehenen Mitarbeitern getestet werden kann, können nachfolgende Optimierungsprozesse entfallen oder verkürzt werden.

<u>Rechtliche Situation</u>

Auch wenn alle Richtlinien, Normen und Handlungshilfen zur Absicherung des Systems herangezogen werden, können Schadensfälle nicht ausgeschlossen werden. Wie in der Einleitung dieses Kapitels schon aufgezeigt ist es oft nicht genug alle Vorschriften zu beachten. Der Gesetzgeber fordert oftmals mehr als in den technischen Richtlinien steht.

Doch was passiert, wenn ein Schaden eintritt? Wenn der Schaden nur an einer Sache entsteht, ist dies mit teilweise hohen Kosten verbunden aber noch nicht dramatisch. Anders ist die Sachlage, wenn ein Personenschaden entsteht. Hier kommen plötzlich Staatsanwaltschaft und Polizei hinzu, die das System kritisch unter die Lupe nehmen lassen. Doch wie sicher muss das System sein, damit es rechtskonform ist und wie entscheiden Gerichte bei dieser neuen Art der Zusammenarbeit?

3.2 Bedenken und Wünsche von Anwendern

Der Anwender entscheidet, ob ein System erfolgreich ist. Daher ist es wichtig zu wissen, was der Anwender will und was etwaige Gründe dafür sind ein System nicht zu wählen. Durch den sozialen Standard in Deutschland ist das Thema Sicherheit der entscheidende Faktor, der beeinflusst was zum Einsatz kommt und was nicht. Neben diesen KO-Kriterium stehen noch die Rentabilität und im Zuge der Industrie 4.0, vor allem die Flexibilität eines Systems im Vordergrund. Diese Ziele verhalten sich aber in vielen Punkten gegenläufig. Soll ein System rentabel sein, so sollen die Anschaffungskosten möglichst gering sein. Sensoren, die die Sicherheit gewährleisten, kosten aber zusätzliches Geld und tragen nicht zur Wertschöpfung bei. Genauso ist es mit der Flexibilität. Umso flexibler ein System ist, umso komplexer ist es - was zur Folge hat, dass entsprechende Fachkräfte und Technik benötigt wird. Damit der Anwender sich für ein MRK-System entscheidet, müssen diese Anforderungen im richtigen Verhältnis stehen. Um weitere Anforderungen von Anwendern aufzuzeigen wird eine Umfrage von Universal Robots herangezogen. Die Umfrage wurde im Rahmen der Automatica 2014 unter dem Titel *Trendumfrage Kollege Roboter* durchgeführt. Dabei wurden 91 Messebesucher, die überwiegend aus Deutschland kamen, befragt.

Umfrage „Kollege Roboter" Automatica 2014[51][52][53]

Die Benutzerfreundlichkeit nimmt hierbei einen hohen Stellenwert ein und zeigt sich durch die Punkte

- leichte Bedienbarkeit   17 %
- einfach zu programmieren   15 %
- flexibel einsetzbar   15 %

Wie schon bei den aktuell laufenden Projekten zu sehen, beschäftigt sich eine große Anzahl mit der einfachen Handhabung der Roboter (Steuern und Bedienen). Bezüglich des wirtschaftlichen Mehrwerts erwarteten die Befragten

- eine Steigerung der Produktivität   21 %
- gesündere, ergonomischere Arbeitsplatzgestaltung   19 %
- profitablere Produktion kleinerer Stückzahlen   16 %

Wie zu sehen wird bei der wirtschaftlichen Betrachtung der Faktor Gesundheit/Ergonomie einbezogen. Nicht zuletzt dadurch, dass ein Ausfalltag eines Mitarbeiters dem Betrieb Geld kostet, sondern auch um dem Mitarbeiter in Zeiten des Fachkräftemangels länger an seinem Arbeitsplatz halten zu können, gewinnt dieser Faktor massiv an wirtschaftlicher Bedeutung.

Ein Grund, warum derzeit noch nicht allzu viele kollaborierende Systeme im Einsatz sind, ist der Aspekt der Sicherheit. Dieser Punkt hatte in der Umfrage die höchste Priorität. Die folgenden Punkte der Umfrage zeigen welche Komponenten bei MRK Systemen als entscheidend für die Sicherheit angesehen wurden

- gesamte Anlage entscheidend   knapp 50 %[54]

---

[51] [38] o.V.: Kollaborierende Roboter – im Aufwind. In Technische Rundschau 2014 Nr.:10;http://www.bachmann-ag.com/Portals/0/Doku/Presse/TR1014_Kollaborierende %20Roboter%20im%20Aufwind.pdf Zugriff 10.11.2015

[52] [39] o.V.: Trendumfrage Kollege Roboter; http://www.scope-online.de/news/trendumfrage--kollege-roboter---kollaborierende-roboter-ohne-schutzzaun.htm Zugriff 10.11.2015

[53] [40] o.V.: Kollege Roboter verbessert Produktivität und Ergonomie; http://www.automationspraxis.de/holz/-/article/33568397/39688627/Kollege-Roboter-verbessert-Produktivit%C3%A4t-und-Ergonomie/art_co_INSTANCE_0000/maximized/ Zugriff 10.11.2015

[54] Prozentangaben lt. Artikel, Mehrfachnennungen möglich

- nur sicherheitsrelevante Bauteile des Roboters   23 %
- Kompetenz des Systemintegrators   15 %
- Kompetenz der Mitarbeiter   15 %

Der Sicherheitsfaktor, der derzeit aus mangelnder Erfahrung die größte Hemmschwelle darstellt, ist deshalb auch bei Betrachtung des Handlungsbedarfs besonders zu betrachten.

Die wachsende Bedeutung dieser sozio-technischen-Systeme zeigt sich, auch hinsichtlich Industrie 4.0, durch die Angabe von 67 % der Befragten die diesen Systemtyp binnen der nächsten 3 Jahre (Umfrageerhebung) eine sehr hohe Bedeutung zuweisen.

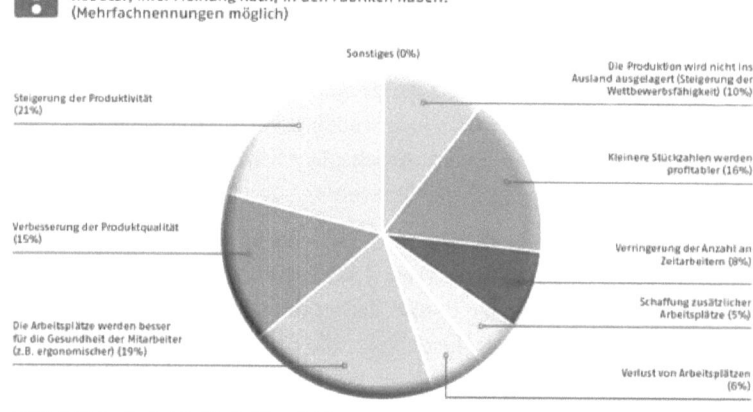

Abbildung 6 Umfrageergebnis[55]

Abbildung 6 zeigt hierbei eine Zusammenfassung der erwarteten wirtschaftlichen Auswirkungen durch den Einsatz kollaborierender Roboter.

---

[55] Laut Text [40] wurden 91 Messebesucher befragt. Der Unterschied zur Angabe in der Grafik (90 Teilnehmer) ist im Text nicht erklärt. Quelle: [40] o.V.: Kollege Roboter verbessert Produktivität und Ergonomie; http://www.automationspraxis.de/holz/-/article/33568397/39688627/Kollege-Roboter-verbessert-Produktivit%C3%A4t-und-Ergonomie/art_co_INSTANCE_0000/maximized/ Zugriff 10.11.2015

3.3 Lücken in der bisherigen Forschung und Entwicklung

Abbildung 7 zeigt Handlungsfelder im Bereich der Mensch-Maschine-Interaktion auf und stellt den Stand von Forschung und Entwicklung dar. Dabei zeigt sich, dass insbesondere die Bereiche Not-Aus Konzept 4.0, einfache Steuerung für Industrieroboter, Auswahl/Unterweisung von Personal in MRK-Systemen und die Rechtslage bei Schadensfällen ein großes Handlungspotential haben. Im weiteren Verlauf der Arbeit wird das Thema der einfachen Steuerung von Industrierobotern, mittels Gestensteuerung behandelt.

Forschungsfeld	Thema	Reifegrad				Bemerkung	Simulationsfähig
		Forschung	Entwicklung	Testphase	Normalbetrieb		
Sicherheit	Arbeitsplatzgestaltung unter Berücksichtigung der biomechanischen Grenzwerte					Werte werden erst Anfang 2016 veröffentlicht	ja
	Sensorkonzepte					auf Stärken/Schwächen, Wechselwirkungen überprüfen	ja
	Webanbindung von MRK-Systemen					Protokolle prüfen, Penetration Test	ja
	Not-Aus Konzept 4.0					neues Konzept entwerfen	ja
Aufgabenerfüllung	Greifen / Lernfähigkeit, Handhabung schwieriger Bauteile					viele Forschungsprojekte und Anwendungen vorhanden	ja
	Mobilität/autonomes Fahren					viele Forschungsprojekte und Anwendungen vorhanden	bedingt
	einfaches Programmieren					je nach Art der Programmierung mehr oder weniger Simulationsgeeignet	bedingt
	einfache Steuerung - Leichtbauroboter Gestensteuerung					Sicherheit über integrierte Taktile Sensoren	ja
	einfache Steuerung - Industrieroboter Gestensteuerung					Steuerung und Sicherheitskonzept sind zu erarbeiten	ja
Verhalten und Schulung der Mitarbeiter	Einflussfaktoren auf das Verhalten in MRK-Systemen					Testdurchführung durch IFA	bedingt
	vorhersehbares Fehlverhalten					Testdurchführung durch IFA	bedingt
	Auswahl/Unterweisung von Personal für MRK-Systeme					Bedarf ist zu prüfen	ja
Rechtliche Situation	Rechtslage bei Schadensfällen					ohne Urteile schwer Einzuschätzen, wegen Unterschied Recht - Rechtsprechung	nein

Abbildung 7 Zusammenfassung Forschungsbedarf[56]

---

[56] Abbildung 7 [41] Eigene Abbildung

4. Gestensteuerung zur MRK

Die Steuerung eines Roboters ist sehr komplex und nur wenige Spezialisten, sind in der Lage, ihn richtig zu steuern. Dies widerspricht aber der Forderung nach mehr Flexibilität und der Möglichkeit Änderungen schnell in den Produktionsablauf einzubringen. Wie auch

Abbildung 7 zeigt, ist hier ein massiver Handlungsbedarf vorhanden. Um den Rechnung zu tragen wird im Folgenden die Gestensteuerung, als Flexible Methode der Steuerung eines Industrieroboters, behandelt.

Eine Geste[57] bezeichnet eine nonverbale Kommunikationsform, bei der durch Körperbewegungen, Informationen übermittelt werden. Dabei kann diese Form der Kommunikation bewusst oder unbewusst stattfinden. Die Norm definiert den Begriff Geste folgendermaßen: „Bewegung oder Pose des Körpers bzw. von Körperteilen".[58] Die Unterscheidung von bewussten und unbewussten Gesten wird in der Norm ebenfalls vorgenommen. Hierbei wird die bewusst ausgeführte Geste als *intendierte Geste* bezeichnet und als „Bewegung des Körpers oder von Körperteilen, die einen Zweck erfüllen"[59] bzw. „Geste die mit einer Intention versehen ist, um ein System zu bedienen"[60] definiert. Demgegenüber steht die unbewusste – *nicht intendierte Geste*, die als „Geste die ohne Intention zur Bedienung eines Systems ausgeführt wird"[61] definiert wird. Unter diese Form fällt z. B. die von Menschen normal verwendete Körpersprache. Im nachfolgenden wird insbesondere bei der Auswahl, sowie beim Einflussfaktor Mensch darauf näher eingegangen. Eine weitere Unterscheidung, die getroffen wird, ist, ob die Geste mit oder ohne Berührung des Eingabegeräts erfolgt. Dazu heißt es in der Norm, die berührungslose Geste, kurz bG ist eine „Geste, die vom Eingabegerät ohne Kontakt erfasst wird oder durch ihre Ausführung mitbewegte Eingabegeräte oder durch mittelbare und unmittelbare Sensoren erfasst wird"[62].

---

[57] Geste: lat. gestus: Gebärde, Gebärdenspiel bzw. auch Haltung; Quelle: [42] Dralle, Anette; Frederking Walther; Vetter, Gregeor: Schülerwörterbuch Latein, Stuttgart: PONS GmbH, 2012. S.206

[58] [43] DIN EN ISO 9241-960:2015-09 (Entwurf)

[59] [43] DIN EN ISO 9241-960:2015-09 (Entwurf)

[60] [44] DIN SPEC 91333:2015-11 (Entwurf)

[61] [44] DIN SPEC 91333:2015-11 (Entwurf)

[62] [44] DIN SPEC 91333:2015-11 (Entwurf)

4.1 Mögliche Einsatzgebiete und Vorteile der Gestensteuerung

Roboter mit Hilfe von Gesten steuern zu können, hat viele, für den Industriebetrieb, relevante Vorteile. Um zu Motivieren und Potenziale aufzuzeigen, werden diese nachfolgend dargestellt.

Durch das einfache Erlernen der Gesten, auf welches auch im folgenden Wert gelegt wird, kann diese Form als eine Art Integrationsmethode genutzt werden. So können ältere Mitarbeiter, Menschen mit Behinderung (nicht in allen Fällen – siehe 4.3.2) und Menschen, die die deutsche Sprache erst erlernen, an hoch komplexen Anlagen schnell angelernt werden. Dadurch, dass die Roboter jetzt nicht mehr ausschließlich vorprogrammierten Abläufen folgen, kann die Produktion schneller und flexibler auf Änderungen reagieren. Dadurch wird die Forderung von mehr Flexibilität in der Umgebung Industrie 4.0 erfüllt. Ein weiterer wichtiger Aspekt ist, dass der Mensch die Kontrolle über die Maschine zurückerhält. So können die Mitarbeiter wieder selbst den Arbeitstakt bestimmen – müssen nicht warten und werden auch nicht von der Maschine gedrängt. Dies kann wiederum zu einer höheren Akzeptanz gegenüber dem Kollegen Roboter führen. Nicht nur dass der Mensch wieder die Kontrolle ausübt, die Kommunikation mit dem Roboter ist hierbei ohne Programmierkenntnisse möglich. Für die Industrie bedeutet dies, dass bei Änderungen im Ablauf kein teurer Programmierer mehr kommen muss, Änderungen können den Mitarbeiter mitgeteilt werden und dieser bedient den Roboter dementsprechend.

Durch die vielen Vorteile der Gestensteuerung ergibt sich auch eine Vielzahl an möglichen Anwendungsgebieten. Diese beschränken sich nicht nur auf den industriellen Bereich, insbesondere dadurch, dass Bauteile und Sensoren immer günstiger werden. Mögliche Anwendungsgebiete wären unter anderem:

- Bedienen von medizinischen Geräten und Geräte in der Pharmaindustrie

Bei der konventionellen Bedienung von Geräten, also dem Berühren von Tasten bzw. eines Touchscreens können Kontaminationen auftreten. Diese Kontaminationen können insbesondere im Krankenhaus oder bei der Herstellung von Medikamenten fatale Folgen haben. Mithilfe der Gestensteuerung kann dies vermieden werden. Da bei dieser Steuerungsart keine Berührung von Oberflächen notwendig ist (berührungslose Geste) kann auch keine Kontamination entstehen. Dadurch wird eine sterile Bedienung ermöglicht.

- Unterhaltungsindustrie

Der Industriezweig, der die Gestensteuerung erstmals im großen Umfang verwendet hat, ist die Unterhaltungsindustrie. Mithilfe der Gestensteuerung können Geräte bedient und Avatare in Spielen bewegt werden. Dadurch können Geräte wie z. B. Fernbedienungen entfallen und mehr interaktionsfähige Anwendungen implementiert werden.

- Gebäudeautomation

In der Gebäudetechnik können mittlerweile alle technischen Funktionen im Haus (Licht, Heizung, Geräte,...) über ein System gesteuert werden. Für die Steuerung werden Displays, Tablet und Smartphones genutzt. Um das Ganze noch komfortabler und intuitiver zu gestalten, kann auch hier die Gestensteuerung zum Einsatz kommen. Ein weiterer wichtiger Aspekt ist hierbei wieder die Kontamination von Oberflächen, die insbesondere in öffentlichen Gebäuden zu beachten ist. Kommt es zu keinen Kontakt mit der Oberfläche können auch keine Krankheitserreger übertragen werden was insbesondere in der Grippezeit einen großen Vorteil darstellt.

- Kraftfahrzeuge

Bei Kraftfahrzeugen können Gesten in vielerlei Hinsicht genutzt werden. Einerseits kann hier durch Gesten erreicht werden, dass die Hände zum Bedienen von Peripheriegeräten nicht mehr vom Lenkrad genommen werden müssen. Andererseits können Gesten, insbesondere bei großen Kraftfahrzeugen oder LKW' s, zum Einweisen des Fahrzeugs dienen.

- Industrie

Im industriellen Bereich kann die Gestensteuerung zum Einsatz kommen, bei Steuerung von komplexen Maschinen. Dabei kann es sich um Hilfstätigkeiten handeln wie z. B. das ein Roboter einem Arbeiter etwas zureicht, oder um die Steuerungen von Maschinen, bei denen aufgrund von Umgebungsbedingungen ein Arbeiten direkt am Prozess nicht möglich ist (Hitze). Die Steuerung mit Gesten hat zudem den Vorteil, dass sie relativ leicht zu erlernen ist, was dazu führt, dass mehr Personal in der Lage ist, eine Maschine (Roboter) zu bedienen.

4.2 Analyse der bisherigen Anwendungsfelder auf Übertragbarkeit zur MRK

Im Folgenden werden bereits etablierte Methoden der Steuerung und Kommunikation mittels Gesten aufgezeigt und bezüglich ihrer Übertragbarkeit für den Einsatz bei MRK Anwendungen bewertet. Der Vorteil bei Verwendung von schon vorhandenen Gesten ist der, dass diese (teilweise) schon zum Standard geworden sind und dadurch die Bedeutung bekannt ist. Dies hat den großen Vorteil, dass die Steuerung noch schneller erlernt werden kann.

Eine der bekanntesten Arten der Kommunikation mit Gesten ist die Gebärden- oder Zeichensprache. Hierbei kommunizieren gehörlose Menschen mittels Gesten, die meist mit den Händen erfolgen miteinander. Aber auch bei anderen Anlässen wird mittels Gesten kommuniziert. Beispiele hierfür sind

- der Tauchsport, bei dem unter Wasser mittels Handzeichen kommuniziert wird
- bei Baseball oder Beachball werden Anweisungen gegeben wie der Ball zu spielen ist
- beim Flaggen-/bzw. Winkeralphabet, das für die Kommunikation unter Schiffen genutzt wird, werden die Flaggen zusätzlich verwendet um größere Entfernungen zu überbrücken

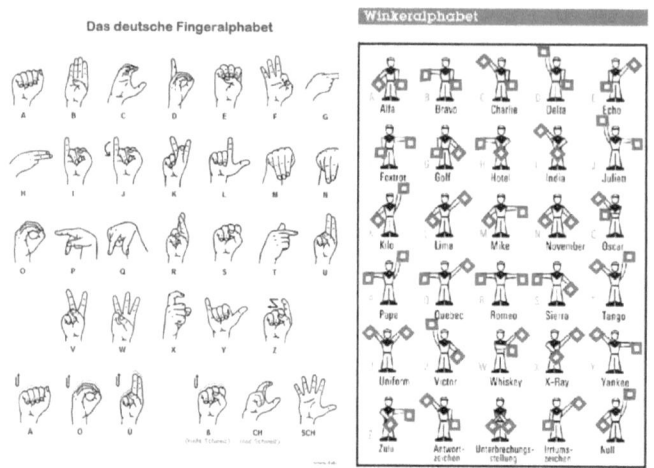

Abbildung 8 links Fingeralphabet[63] rechts Winkeralphabet[64]

Das Winkeralphabet, in Abbildung 8 rechts, zeigt hierbei eine Möglichkeit auf, wie die Anweisung übermittelt werden kann. Die Detektion bei der Gestensteuerung kann nicht nur über Kameras erfolgen, sondern auch mittels weiterer Sensoren, bei denen die Sendeeinheit direkt am bewegenden Körperteil getragen wird. Dies würde Fehlinterpretationen verringern und die Steuerung sicherer machen. Bei der Gestensteuerung ohne zusätzliche Hilfsmittel kann als Erstes das Fingeralphabet herangezogen werden. Hier stehen die Gesten zwar für Buchstaben, dennoch wird hier ein Überblick über etablierte Gesten gegeben.

Bei der Steuerung von Objekten mittels Gestensteuerung ist die Unterhaltungsindustrie der Vorreiter. Als eins der bekanntesten Beispiele für diese Steuerungsart gilt die Kinect-Steuerung der Xbox. Die Kinect besitzt wie in Abbildung 9 zu sehen neben einer VGA-Kamera auch eine IR-Kamera. Der Infrarot-Projektor erzeugt eine, für das menschliche Auge unsichtbare, definierte Punkt-Matrix.[65] Die

---

[63] Abbildung 8 links [45] o.V.: Das deutsche Fingeralphabet; http://partcours.de/sacha/spielwiese/sachasblog/buchstaben-abc-ausdrucken-2014-06-21-08-57.gif Zugriff 18.11.2015

[64] Abbildung 8 rechts [46] o.V.: Winkeralphabet; http://www.die-marine.de/_deutsch/sonstiges/images/Winkeralphabet.jpg Zugriff 18.11.2015

[65] vgl. [47] Weyrich, Christian (Hrsg.); et al.: Einsatzmöglichkeiten einer 3D-Kamera in der Produktionstechnik am Beispiel der Kinect-Kamera; https://wiki.zimt.uni-siegen.de/fertigungsautomatisierung/index.php/Einsatzm%C3%B6glichkeiten_einer_3D-Kamera_in_der_Produktionstechnik_am_Beispiel_der_Kinect-Kamera Zugriff 18.11.2015

Infrarotkamera kann dieses Muster aufnehmen und so ein 3D-Bild erzeugen. Dadurch wird es möglich auch dreidimensionale Gesten zu detektieren.[66] Die Kinect eignet sich einerseits durch den relativ geringen Preis um erste Versuchsreihen durchzuführen und andererseits dadurch, dass auch einzelne Fingerbewegungen detektiert werden können.

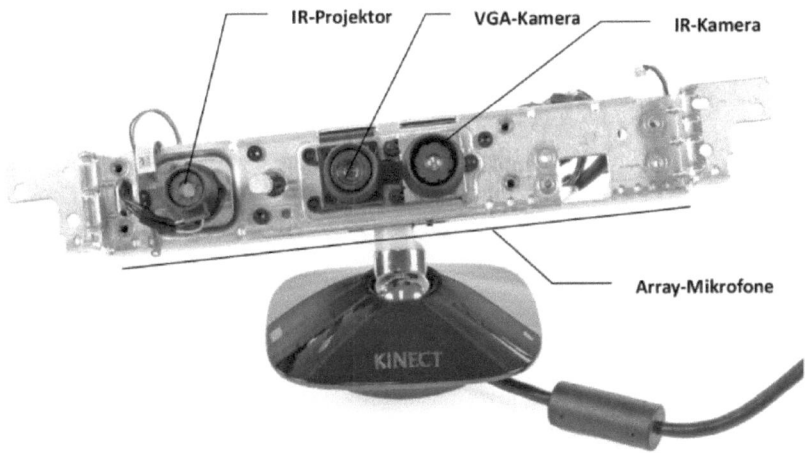

Abbildung 9 Kinect Modul ohne Gehäuse[67]

Neben der Gestensteuerung bei Spielen wird die Gestensteuerung auch bei Multimediaanwendungen im Auto eingesetzt. Diesbezüglich wurde durch ELMOS ein IR-Sensor entwickelt der es ermöglicht durch eine kleine Auswahl an Gesten, Anwendungen wie Navi, Radio,... zu steuern (Abbildung 10). Durch das reine Nutzen der IR Technik, sind schnelle Verarbeitungsgeschwindigkeiten möglich. Die Reduzierung auf wenige Gesten führt zudem zu einem schnellen erlernen und

---

[66] vgl. [47] Weyrich, Christian (Hrsg.); et al.: Einsatzmöglichkeiten einer 3D-Kamera in der Produktionstechnik am Beispiel der Kinect-Kamera; https://wiki.zimt.uni-siegen.de/fertigungsautomatisierung/index.php/Einsatzm%C3%B6glichkeiten_einer_3D-Kamera_in_der_Produktionstechnik_am_Beispiel_der_Kinect-Kamera Zugriff 18.11.2015

[67] Abbildung 9 [47] Weyrich, Christian (Hrsg.); et al.: Einsatzmöglichkeiten einer 3D-Kamera in der Produktionstechnik am Beispiel der Kinect-Kamera; https://wiki.zimt.uni-siegen.de/fertigungsautomatisierung/index.php/Einsatzm%C3%B6glichkeiten_einer_3D-Kamera_in_der_Produktionstechnik_am_Beispiel_der_Kinect-Kamera Zugriff 18.11.2015

hoher Akzeptanz durch den Benutzer. Dies ist ebenfalls ein wichtiger Aspekt, der bei dieser Art von Steuerung zu berücksichtigen ist.

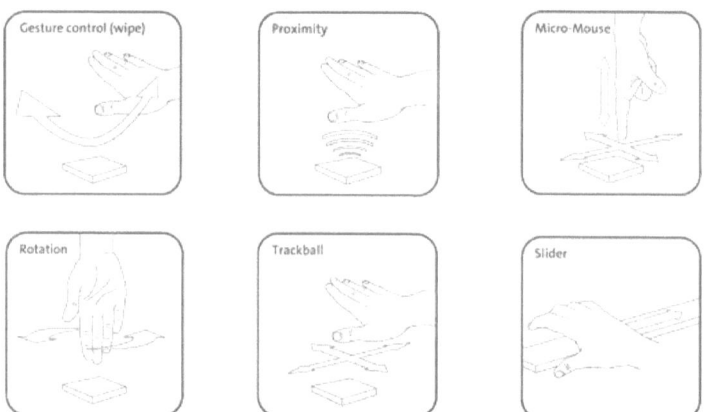

Abbildung 10 Funktionen von Gesten bei HALIOS Sensoren[68]

Bei der Entwicklung einer Gestensteuerung für Kraftfahrzeuge, können hierbei auch Ergebnisse der Forschung an der TU München herangezogen werden. So wird im Artikel „Tracking down the intuitiveness of gesture interaction in the truck domain" von Stecher et al.[69] beschrieben, wie Probanden anhand von auszuführenden Aufgaben (siehe Abbildung 11) selbst Gesten wählen.

---

[68] Abbildung 10 [48] o.V.: elmos; http://halios.elmos.com/herausforderung.html Zugriff 18.11.2015

[69] [49] Stecher, Michael, et al.: Tracking down the intuitiveness of gesture interaction in the truck domain. In: Procedia Manufacturing 2015 Nr. 3 S.3176-3183; http://ac.els-cdn.com/S2351978915008689/1-s2.0-S2351978915008689-main.pdf?_tid=a3524332-8e06-11e5-8186-00000aab0f27&acdnat=1447859666_cc0f02e737b6de8095af3a793d74ffb5 Zugriff 18.11.2015

Truck cabin	Infotainment	Audio	Navigation
open window	confirm	next title	zoom in
close window	cancel	previous title	zoom out
light on	more	volume up	move map to the left
light off	less	volume down	
answer phone call			
reject phone call			

Abbildung 11 Auszuführende Funktionen im Versuch wie in Stecher et al.[70]

Die so ermittelten Gesten kommen den Forderungen der Norm nach, in der u. a. Individualisierbarkeit[71] gefordert ist. Abbildung 12 zeigt hierbei die Gesten, die von den Probanden am häufigsten, für den jeweiligen Fall, benutzt wurden. Dabei zeigte sich auch das Kombinationen von Gesten zum Einsatz kamen. So wurde für den Befehl „Licht an" die Abfolge geschlossene Faust → offene Hand mit gespreizten Fingern (Abbildung 12 c) verwendet.

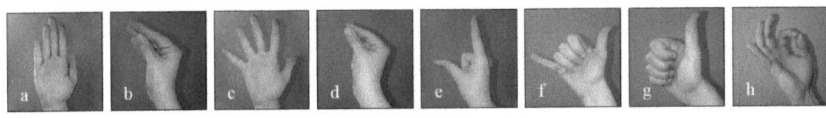

Fig. 2. Hand poses: (a) flat hand; (b) fox; (c) splayed out; (d) pinch closed; (e) pinch open; (f) phone; (g) thumb up; (h) okay.

Abbildung 12 Meist verwendete Gesten wie in Stecher et al.[72]

Die Verwendung von mehreren Gesten um eine Zustandsänderung zu erreichen, zeigt eine grundlegende Akzeptanz gegenüber von Gestensätzen. Die Akzeptanz gegenüber diesen Gestensätzen ist wichtig, da im Bereich der Robotik der Sicherheitsaspekt eine höhere Brisanz hat wie, wenn es z. B. um das Öffnen eines Fensters geht.

Analyse

Die Analyse soll zeigen inwieweit die vorangenannten Anwendungen für den Einsatz der Gestensteuerung an gewöhnlichen Industrierobotern herangezogen werden können.

---

[70] Abbildung 11 Quelle [49]
[71] [44] DIN SPEC 91333:2015-11 (Entwurf)
[72] Abbildung 12 Quelle [49]

- Fingeralphabet

Das Fingeralphabet zeigt eine Möglichkeit auf, mit der die Auswahl mittels Gesten eindeutig wird. Soll ein Gegenstand ausgewählt werden ist die Geste, die hierbei zu tragen kommt, das Zeigen auf den Gegenstand. Steht dieser Gegenstand frei in Zeigerichtung, ist dies eindeutig und bedarf keiner weiteren Spezifizierung. Doch was ist, wenn der Fall eintritt, dass mehrere Gegenstände, z. B. Flaschen mit unterschiedlichen Betriebsstoffen, direkt nebeneinanderstehen? Das Zeigen auf den Gegenstand erfolgt aus der Position des „Zeigers". Auf längere Entfernungen, seitens der Detektion wie auch des Objekts, können Ungenauigkeiten entstehen, die entweder dazu führen, dass der falsche Gegenstand gegriffen wird oder eine Fehlermeldung erfolgt. Um dies zu vermeiden kann einerseits eine zusätzliche Sprachsteuerung verwendet werden, um den Gegenstand explizit zu benennen. Eine andere Möglichkeit ist die Verwendung des Fingeralphabets. Dazu können die Gegenstände mit Buchstaben, A - Z definiert werden. Soll nun ein bestimmter Gegenstand gegriffen werden, so wäre eine mögliche Abfolge von Gesten:

- *Zeigen in die Richtung* in der der Gegenstand steht

und mittels

- *Fingeralphabet den Buchstaben* mit dem der Gegenstand definiert ist benennen.
- Winkeralphabet

Das Winkeralphabet zeigt in der eigentlichen Verwendung auf, wie mithilfe von Hilfsmitteln (Flaggen), Anweisungen mittels Gesten auf größere Entfernungen übermittelt werden können. Die Flaggen werden hierzu benutzt, um die Anweisungen, eindeutig zu übermitteln. Bei der Steuerung von Industrierobotern ist der Aspekt der Eindeutigkeit von Befehlen nicht nur ein funktionaler, sondern auch ein Sicherheitsaspekt. Um die Sicherheit des Systems zu erhöhen, ist die Verwendung eines Hilfsmittels für die Übertragung der Gestenbefehle durchaus interessant. Wird dafür beispielsweise ein Sensorhandschuh verwendet, der die Daten (Gesten) an das System überträgt, wird das System gleichzeitig auch noch flexibler. Hierbei muss der Werker, der die Anweisungen mittels Gesten gibt, nicht mehr eine bestimmte Position im Raum einnehmen, sondern kann sich im Arbeitsraum flexibel bewegen. Die Option hierzu wären mehrere Kameras, die den gesamten Raum „ausleuchten" müssen, um diese Flexibilität zu erzielen.

Vorteile bei der Verwendung eines Sensorhandschuhs:

- Nur die Person die den Handschuh trägt, kann den Roboter Befehle geben
- Befehle können aus verschiedenen Positionen im Arbeitsraum erteilt werden
- Die Stellung der Finger wird genau detektiert
- Lichtverhältnisse oder IR-Strahlung z. B. durch Leuchtstoffröhren haben keinen Einfluss auf die Detektion
- keine Probleme mit Ablagerungen – Staub, Dreck – auf dem Objektiv, bei Verwendung einer Kamera
- Kinect

Das Kinect-System kann in allererster Linie dazu verwendet werden, um grundlegende Tests der Gestensteuerung durchzuführen. Hierunter zählen vor allem Probandentests, die aufzeigen sollen, ob die Gesten gebrauchstauglich und sicher sind. Für den weiteren Einsatz in Verbindung mit einem echten Industrieroboter ist das System aber nur bedingt geeignet, da die Gestensteuerung selbst als sicherheitsrelevanter Teil des Systems gesehen werden muss. Hierzu schreibt Weyrich et al.: „Als Konsumhardware besitzt [die Kinect] keine hinreichenden Sicherheitsstufen bzw. kein sicherheitstechnisches Leistungsniveau nach EN ISO 13849-1. Zusätzlich ist das System wegen seines USB-Anschlusses und der internen Informationsverarbeitung nicht echtzeitfähig und kann daher nicht für Not-Aus-Signale verwendet werden. Eine Verwendung im Bereich der Früherkennung ist durchaus denkbar."[73]

- ELMOS

Die verwendete Technik von ELMOS kann insoweit herangezogen werden, um zu prüfen, ob bei Verwendung einer Nur-IR-Kamera möglich ist. Der Vorteil einer reinen Verwendung der IR-Technik würde darin bestehen, dass keine Auswertungen von RGB-Bildern erfolgen muss, was die benötigte Rechenleistung senken würde.

---

[73] [47] Weyrich, Christian (Hrsg.); et al.: Einsatzmöglichkeiten einer 3D-Kamera in der Produktionstechnik am Beispiel der Kinect-Kamera; https://wiki.zimt.uni-siegen.de/fertigungsautomatisierung/index.php/Einsatzm%C3%B6glichkeiten_einer_3D-Kamera_in_der_Produktionstechnik_am_Beispiel_der_Kinect-Kamera Zugriff 18.11.2015

- TUM – Gestensteuerung im LKW

Das Projekt zeigt auf wie geeignete Gesten regeneriert werden können. Dabei wurden die Daten auf Basis von Alter, Beruf und Nationalität erhoben.[74] Eine solche Studie kann aber auch weiterführend dazu benutzt werden, um Gesten zu evaluieren. Dies stellt ebenfalls eine Forderung aus der Norm dar (DIN EN ISO 9241-960:2015-09[75]).

Wird ein neuer Bereich der Technik erschlossen oder erweitert wird dieser durch Normen repräsentiert. Um den Normen hierfür Rechnung zu tragen, die für diesen Bereich der Technik gelten und Kriterien zu erhalten, wie bisherige Anwendungsfälle herangezogen werden können, sind diese nachfolgend mit ihren wichtigen Hauptforderungen dargestellt.

DIN EN ISO 9241-960: Ergonomie der Mensch-System-Interaktion – Teil 960: Rahmen zur Anleitung zur Gestensteuerung[76]

In dieser Norm wird das Identifizieren und Beschreiben von Gesten und Gestensätzen[77] beschrieben. Ein wichtiger Aspekt hierbei ist die Gebrauchstauglichkeit der verwendeten Gesten. Die Norm zeigt hierfür Gestaltungsmöglichkeiten auf und beschreibt, welche Parameter zu beachten sind.

Zu diesen Parametern zählen auch ergonomische Beschränkungen (K 4.1). So wird gefordert: „Gesten, die wiederholend ausgeführt werden, sollte[n] keine unnötige Erschöpfung der Körperteile auslösen, die während der Geste bewegt oder in eine bestimmte Haltung gebracht werden."[78] Um dies sicherzustellen wird empfohlen, dass die Benutzer miteinbezogen werden sollen. Dieser Aspekt soll dabei nicht nur für die Sicherheit des Menschen sowie des Systems sorgen, sondern auch die Leistungsfähigkeit der Mensch-Roboter-Einheit gewährleisten. Weiterführend soll auch die Möglichkeit betrachtet werden, andere Körperteile als nur Hände und Finger in die Betrachtung geeigneter Gesten miteinzubeziehen.

---

[74] vgl. Quelle [49]

[75] [43] DIN EN ISO 9241-960:2015-09 Entwurf

[76] [43] DIN EN ISO 9241-960:2015-09 Entwurf

[77] Gestensatz: „Gruppierung von Gesten und deren Abbildung auf Gestenbefehle" Quelle [43] Gestenbefehl: „Kommando an das System, der sich aus der Eingabe mittels einer Geste durch den Benutzer ergibt, z.B. „Auswählen", "Verschieben", „Löschen"" Quelle [43]

[78] [43] DIN EN ISO 9241-960:2015-09 Entwurf

Durch das Einbeziehen weiterer Körperteile kann die Forderung nach ergonomischer, erschöpfungsfreier Gestaltung zudem leichter verwirklicht werden. Des Weiteren ergeben sich dadurch auch Möglichkeiten körperlich behinderte Personen leichter miteinzubeziehen, da die Auswahl an verschiedenen Gesten größer wird und keine Fixierung auf einen bestimmten Körperteil besteht. Unabhängig von der Ausführung müssen die festgelegten Gesten im Anschluss evaluiert werden. Bei Eingabe durch einen Gestenbefehl soll hierbei, auch zu Korrekturzwecken, eine Rückmeldung liefern. Laut Norm werden rund 95 % der Gesten erkannt. Für die verbleibenden 5 % Fehlerquote ist es sinnvoll, vor allem im Umgang mit Industrierobotern, eine Korrekturmöglichkeit zu geben. Die Fehlerkennung beginnt aber nicht erst mit einer Fehldetektion einer Geste durch das System, sondern schon beim richtigen Startpunkt. Dazu heißt es:

„Gesten sollten nur dann ausgelöst werden, wenn sie durch den Benutzer eindeutig angezeigt werden, so dass der Benutzer in der Lage ist, das nicht intentionale Auslösen einer interaktiven Systemfunktionalität zu vermeiden."[79] Diese Forderung ist vor allem im Bereich der Industrierobotik, bei dem es um das Bewegen von schweren Lasten geht, extrem wichtig. Weiterführend ist der Aspekt der Ermüdung bzw. des kognitiven Aufwands ebenfalls genannt. Hierzu heißt es:

„Während Gesten zu anderen Zwecken aus Gründen des Einübens (Rehabilitation und Unterhaltung Aufwand bedeuten können (z.B. ein Gefühl der Ermüdung), müssen Gesten für die Interaktion mit einem Roboter die Realität (z.B. Minimierung des kognitiven Aufwands) mit ihren physischen oder psychomotorischen Erfordernissen berücksichtigen. Gesten, die, wenngleich natürlich und feststellbar, physisch oder kognitiv aufwändig sind, müssen womöglich, obwohl für eine kurzzeitige Anwendung geeignet, für länger andauernde Tätigkeiten geändert werden."[80] Auch wenn die Verwendung der Steuerung von ELMOS nicht im Bereich der Robotik liegt, wird hier ein gutes Beispiel aufgezeigt, wie mit wenigen, intuitiven Gesten eine Menüsteuerung erreicht werden kann. Die Aufmerksamkeit des Users (Fahrers) liegt weiterhin beim Straßenverkehr. Dies ist bei der Steuerung von Robotern erstrebenswert, da sich hier der User auch noch auf die Umgebung konzentrieren kann, was wieder dem Sicherheitsaspekt Rechnung trägt.

---

[79] [43] DIN EN ISO 9241-960:2015-09 Entwurf

[80] [43] DIN EN ISO 9241-960:2015-09 Entwurf

DIN SPEC 91333:2015-11 Berührungslose Gestensteuerung zur Mensch-System-Interaktion[81]

Die 91333 befasst sich insbesondere mit den Anwendungen für berührungslose Gesten. Diese Art von Gesten haben die Eigenschaft, dass diese dreidimensional sind und somit anders als Gesten zur Steuerung eines Touchscreens, eine weitere Detektionsebene haben. Dadurch werden insbesondere hinsichtlich der Dokumentation spezielle Forderungen gestellt.

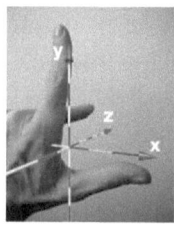 

Abbildung 13 links 3D Gesten, rechts Symbol für berührungslose Gesten

Abbildung 13 rechts zeigt hierbei das Symbol, welches für die Kennzeichnung für gestengesteuerte Systeme verwendet werden soll. Neben der Information zur Erkennung dieser speziell gesteuerten Systeme sollen auch die verwendeten Gesten selbst dokumentiert werden. Da keines der aufgezeigten Anwendungsgebiete eine dementsprechende Dokumentation aufweist, wird im Folgenden die Normenvorlage verwendet.

Die Dokumentation muss folgende Punkte beinhalten (nach Tabelle 1[82]):

- Name: Bezeichnung der Geste, ideal was sie bewirkt
- visuelle Beschreibung: Foto, Grafik, etc., evtl. mit Bewegungspfeilen
- textuelle Beschreibung: Erklärung zur visuellen Beschreibung
- beteiligte Körperteile: Angabe welche Körperteile verwendet werden können
- zugeordnete Funktionen: Beschreibung über die Reaktion des Systems

---

[81] [44] DIN SPEC 91333:2015-11 (Entwurf) Abbildung 13 links [50] Lohmüller, Friedrich A.: Grundsätzliches zum Beschreiben von Szenen; http://www.f- lohmueller.de/pov_tut/basic/povkurs2.htm Zugriff 25.11.2015 Abbildung 13 rechts [44] DIN SPEC 91333:2015-11 (Entwurf)

[82] [44] DIN SPEC 91333:2015-11 (Entwurf)

- Freiheitsgrade der Ausführung: Aussage wie die Geste ausgeführt werden kann
- Gestenausführungsbereich: Anatomische Gegebenheiten bei der Ausführung der Geste
- Sensorerfassungsbereich: In welchen Raum muss die Geste ausgeführt werden damit sie erfasst wird
- Toleranz: z.b. zeitliche Dauer bei der Ausführung der Geste
- Robustheit der Erkennung: Welche Bewegungen sind hinderlich für die richtige Erfassung

4.3 Einflussfaktoren auf die Steuerung durch Gesten

Jedes System unterliegt Einflussfaktoren – inneren sowie äußeren. Um das System richtig verstehen zu können und das gewünschte Ergebnis zu erhalten, ist es wichtig diese zu kennen. Wie Abbildung 13 zeigt, wird das System durch die Parameter Mensch, Technik, Umgebung und Aufgabe beeinflusst. Dabei gibt in diesem Falle die Aufgabe, Gestensteuerung eines Industrieroboters, schon gewisse Beschränkungen vor. So muss z. B. die Technik einen vorgegebenen Mindestsicherheitsstandard entsprechen, der Mensch muss ein gewisses Maß an Verantwortungsbewusstsein mitbringen und die Umgebung muss Mindestanforderungen hinsichtlich der Arbeitsbedingungen erfüllen. Des Weiteren können sich die Einflussparameter auch gegenseitig beeinflussen. Im Folgenden werden die, sich im Kreis befindlichen, Einflusskriterien betrachtet.

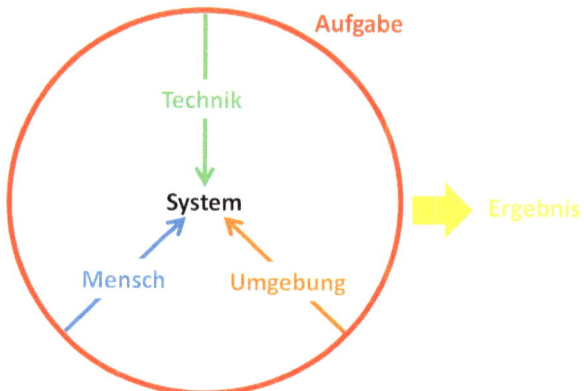

Abbildung 13 Systemeinflüsse[83]

4.3.1 Technik

Die Technik lässt sich in die Hauptgruppen *Gestenerkennung*, *Sicherheitskomponenten* und *ausführende Einheit (Roboter)* unterteilen. Wird zu Beginn der Entwicklung eine Simulation verwendet, so wird die Komponente Roboter, durch sie ersetzt.

Gestenerkennung

Für die Gestenerkennung werden einerseits Hardwarekomponenten und zum anderen Softwarekomponenten benötigt. Die Hardware sorgt für die Detektion der Gesten und liefert die Informationen an den Rechner. Die Software identifiziert anschließend die Informationen und gibt die hinterlegten Werte zur erkannten Geste, die Ausführanweisung, weiter an den Roboter.

Um räumliche Gesten detektieren zu können, gibt es mehrere Möglichkeiten. Drei dieser Möglichkeiten werden im Folgendem dargestellt.

Light Coding (IR/RGB Kamera)

Das Light Coding Verfahren wurde durch die israelische Firma Primesense entwickelt. Es basiert grundsätzlich auf der Verwendung von strukturiertem Licht. Im Falle der Kinect auf Infrarotem Licht. Dazu erzeugt ein Infrarotprojektor ein Fleckenmuster (Abbildung 14) welches zur Ermittlung der Tiefeninformationen verantwortlich ist. Dazu wird das ausgestrahlte, definierte Punktmuster mit dem, durch die IR-Kamera, aufgenommenen Punktmuster (verzerrtes Punktmuster)

---

[83] Abbildung 14 [51] Eigene Abbildung

verglichen. Die Informationen werden auf dem Chip der Firma Primesense ausgewertet und per USB-Schnittstelle an den Rechner, zur Weiterverarbeitung, übertragen.

Abbildung 14 Kinect Fleckenmuster Infrarotlaser[84]

Vorteile von Light Coding[85]:

- preisgünstige Technik
- Verfahren funktioniert ohne Hintergrundbeleuchtung
- Verfahren ist nicht auf einen bestimmten Hintergrund angewiesen, da es selbst für die Strukturierung sorgt (Abbildung 14)

Nachteile von Light Coding[86]:

- genaues Verfahren ist nicht offengelegt – aus Produkt-/Patentschutzgründen, eventuelle Schwachstellen müssen experimentell ermittelt werden
- Aufgrund der Verwendung von Infrarotlicht ist das Verfahren prinzipiell anfällig gegenüber Störstrahlung (z.B. Sonneneinstrahlung)
- keine offizielle Unterstützung für mehrere Kameras

---

[84] Abbildung 15 [52] o.V.: Kinect Hacking 105: Full Resolution, Public Domain Images of the Speckle Pattern.; http://www.futurepicture.org/?p=129/ Zugriff 02.11.2015

[85] vgl. [53] Bernin, Arne: Einsatz von 3D-Kameras zur Interpretation von räumlichen Gesten im Smart Home Kontext; http://docplayer.org/3541085-Masterarbeit-arne-bernin-einsatz-von-3d-kameras-zur-interpretation-von-raeumlichen-gesten-im-smart-home-kontext.html Zugriff 30.11.2015

[86] vgl. Quelle [53]

Time-of-Flight Kamera (ToF-Kameras)

Das Time-of-Flight Verfahren nutzt die Laufzeit von ausgesandtem Licht zur Bestimmung der Entfernung eines Objekts. Für die Laufzeitmessung gibt es zwei mögliche Varianten: „die Aussendung von dedizierten Pulsen von Licht und die Verwendung eines kontinuierlichen, moduliertem Signals. Dabei wird Licht aus dem Infrarotspektrum verwendet."[87]

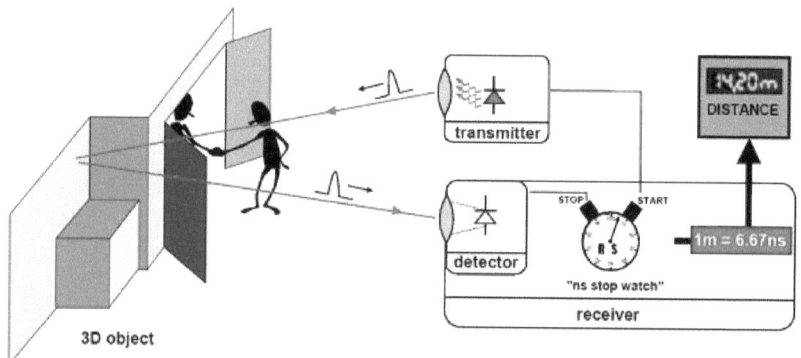

Abbildung 15 Time-of-Flight Prinzip[88]

Vorteile von ToF-Kameras[89]:

- ToF benötigt keine Hintergrundbeleuchtung
- Es besteht die Möglichkeit auch bei direktem Sonnenlicht zu arbeiten
- Mehrere Kameras sind kombinierbar
- Verwendete Beleuchtung blendet die Anwender nicht

---

[87] [53] Bernin, Arne: Einsatz von 3D-Kameras zur Interpretation von räumlichen Gesten im Smart Home Kontext; http://docplayer.org/3541085-Masterarbeit-arne-bernin-einsatz-von-3d-kameras-zur-interpretation-von-raeumlichen-gesten-im-smart-home-kontext.html Zugriff 30.11.2015

[88] Abbildung 16 [54] o.V.: Time-of-Flight Prinzip; https://me.efi.th-nuernberg.de/interaktion/images/0/08/TOF_Prinzip.jpg Zugriff 02.12.2015

[89] vgl. Quelle [53]

Nachteile von ToF-Kameras[90]:

- ToF funktioniert nicht bei schwarzen Oberflächen – zu hohe Absorption des ausgesandten Lichts
- Verfahren empfindlich gegen zu viel IR-Hintergrundstrahlung (wechselnde Beleuchtungslagen z.b. Sonne/Wolken)
- Reflexionen können zu fehlerhaften Werten sorgen

Datenhandschuh

Der Datenhandschuh gehört anders als die beiden anderen Verfahren zu den gerätebasierten Gestenerkennungsmethoden. Dabei trägt der Anwender einen Handschuh in den Sensoren eingebaut sind. Wie Abbildung 16 zeigt, werden Glasfaserkabel verwendet die Licht, das von LEDs ausgesandt wird, übertragen. Werden die Finger stärker gekrümmt, kommt weniger Licht am Fotosensor an. Die daraus resultierenden Informationen werden an den Rechner übertragen. Die Übertragung zum Rechner kann kabelgebunden und kabellos erfolgen. Des Weiteren kann der Datenhandschuh über z. B. Vibration Feedback geben.

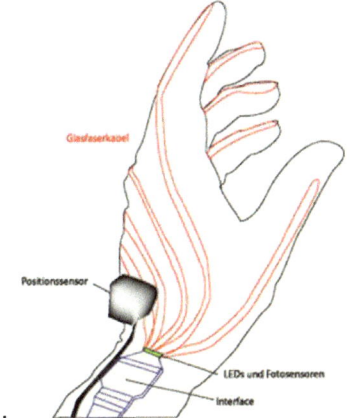

Abbildung 16 Aufbau Datenhandschuh[91]

---

[90] vgl. Quelle [53]

[91] Abbildung 17 [55] o.V.: http://schaugg.hdm-stuttgart.de/mj/pages/03ss/as45/Dataglove.gif Zugriff 02.12.2015

Vorteile des Datenhandschuhs:

- Unabhängig von der Umgebungsbeleuchtung, da das Licht intern in Glasfaserkabeln geführt wird
- Gestenbefehle können frei im Arbeitsbereich gegeben werden, keine Positionierung vor einer Kamera
- Rückmeldung kann über den Handschuh direkt an den Anwender gegeben werden
- Nur der der den Handschuh trägt kann Befehle erteilen

Nachteile des Datenhandschuhs:

- Für unterschiedliche Handgrößen werden verschiedene Handschuhe benötigt
- Für Links-/Rechtshänder werden unterschiedliche Handschuhe benötigt
- Handschuh kann bei der Ausführung von Arbeiten durch den Anwender stören
- Bei längeren Tragezeiten kann dieser als Störend empfunden werden

Fazit

Aufgrund der Verbreitung und des Preises bietet sich das Kinect System für die ersten Versuche in der Simulation an. Für weitere Tests insbesondere auch hinsichtlich Störanfälligkeit macht es Sinn die vorgestellten Verfahren/Systeme im Experiment zu vergleichen.

Sicherheitskomponenten

Die Sicherheitskomponenten sorgen dafür, dass bei Fehlern im Ablauf, vorhersehbaren Fehlanwendungen und unglücklichen Konstellationen, Menschen keinen Schaden nehmen. Zudem sind sie auch Grundvoraussetzung für die Abnahme und Betrieb des Roboters/der Anlage. Da es sich in der Arbeit um Gestensteuerung für gewöhnliche Industrieroboter dreht, kann hierbei nicht wie bei den Leichtbaurobotern, auf interne Taktile-Sensoren zurückgegriffen werden. Das hat zur Folge, dass hier ein anderer Betriebsmodus gewählt werden muss. Zur Verfügung stehen hierbei der Sicherheitsgerichteter überwachte Halt und die Geschwindigkeits- und Abstandsüberwachung (Tabelle 1). Aufgrund der nahen Zusammenarbeit ist die Geschwindigkeits- und Abstandsüberwachung hierfür besser geeignet, weil hierbei kein sofortiger Stopp bei Betreten des Arbeitsraumes erfolgt. Für die Realisierung kann hierbei auf kameragestützte Systeme zurückgegriffen werden. Dabei können ebenfalls die bereits vorgestellten 3D Kameras verwendet werden. Zu beachten ist hierbei, dass das System der Sicherheitskomponenten das nötige Performance Level erfüllt (siehe Abbildung 4 und Text).

4.3.2 Mensch

Der Mensch als Befehlsgeber hat eine äußerst komplexe Bedeutung im Mensch-Maschine-System. Der Faktor Mensch zeichnet sich u. a. durch:

- Kultur
- Körperliche Gegebenheiten/Voraussetzungen
- Vergessen
- Tagesform
- Erwartungen

aus. Diese Eigenschaften sorgen dafür, dass an das System mannigfaltige Anforderungen gestellt werden. Darunter sind auch eine Reihe von „K.o.-Kriterien", die beim Aufbau einer Gestensteuerung berücksichtigt werden müssen, damit diese überhaupt funktioniert.

Kultur

Die Kultur beeinflusst Handeln und Symbolik. Letzteres hat wiederum mit der Verwendung von Gesten zu tun. Um der Normforderung nach intuitiven, kognitiv nicht aufwendigen Gesten nachzukommen, müssen die kulturellen Einflüsse der Anwender beachtet werden. Abbildung 17 verdeutlicht diese Forderung noch einmal. Wie in der Abbildung zu sehen ist, gibt es für jede gezeigte Geste unterschiedliche Bedeutungen. Diese können auch komplett gegensinnig sein z. B. Daumen nach oben (Mitte Abbildung) – in Deutschland wird dies als „passt" oder „gut so" interpretiert in Teilen Russlands oder Italien stellt diese Geste eine Beleidigung dar.

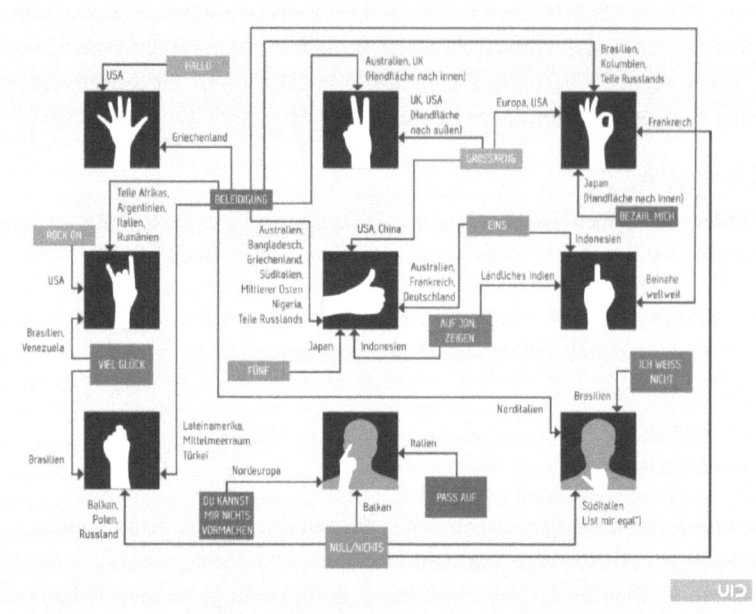

Abbildung 17 Bedeutung von Gesten in unterschiedlichen Kulturen[92]

Die Notwendigkeit einer geeigneten Auswahl an Gesten verdeutlicht auch die Beschäftigungsstatistik (Abbildung 18). Diese zeigt, dass im letzten Jahr über 2,5 Millionen ausländische Arbeitskräfte in Deutschland tätig waren[93]. Dies entspricht einen Wert von ca. 8,5 Prozent. Diese Übersicht berücksichtigt allerdings nicht Eingebürgerte Personen, die ebenfalls von ihrer Kultur her andere Gesten gewohnt sind.

---

[92] Abbildung 18 [56] Le Hong, Silvia; Biesterfeldt, Jakob: UID Studie Weltweit berührt; http://www.gm.fh-koeln.de/~hk/lehre/sgmci/ss2012/material/UID_Studie_Weltweit_beruehrt.pdf Zugriff 02.12.2015

[93] Daten zum Jahr 2015 waren zum Zeitpunkt des Zugriffs auf die Homepage noch nicht verfügbar.

Beschäftigungsstatistik

Sozialversicherungspflichtig Beschäftigte am Arbeitsort am 30.06. des Jahres[1]

Jahr	Insgesamt	Männlich	Weiblich
Insgesamt			
2013[2]	29 615 680	15 965 766	13 649 914
2014[2]	30 174 505	16 240 821	13 933 684
darunter Ausländer/-innen			
2013[2]	2 340 697	1 441 517	899 180
2014[2]	2 563 286	1 585 000	978 286

[1] Die Bundesagentur für Arbeit hat mit Berichtsmonat Juni 2013 die Beschäftigungsstatistik rückwirkend bis 1999 revidiert. Detaillierte Informationen entnehmen Sie dem Methodenbericht "Beschäftigungsstatistik Revision 2014 ⌂".
[2] Vorläufiges Ergebnis.
Quelle: Statistik der Beschäftigungsstatistik der Bundesagentur für Arbeit

Abbildung 18 Beschäftigungsstatistik (Auszug) Jahre 2013/2014[94]

Fazit

Der Kulturkreis, in dem die Anwender aufgewachsen sind spielt eine wichtige Rolle bei der Verwendung/Bedeutung von Gesten. Dieser Aspekt muss bei der Auswahl eines geeigneten Gestenvokabulars beachtet werden.

Körperliche Gegebenheiten/Voraussetzungen

Dieser Aspekt steht für körperliche Eigenschaften, die Einfluss auf die Gestensteuerung haben. Darunter zählen:

- Form von Gliedmaßen[95]
- Beweglichkeit
- Rechts-/Linkshänder

Form von Gliedmaßen

Die Finger sind das Hauptkommunikationsmittel für die Gestensteuerung. Die Herausforderung dieses Aspektes besteht darin, dass es unterschiedliche Formen und Größen von Fingern bzw. Händen gibt (Abbildung 19 links). Dieser Aspekt kommt auch im Alltag zum tragen, wenn es z. B. um die Auswahl neuer Handschuhe für den Winter geht. Hier werden verschiedene Größen Angeboten. Dass

---

[94] Abbildung 19 [57] o.V.: Destatis Beschäftigungsstatistik; https://www.destatis.de/DE/ZahlenFakten/GesamtwirtschaftUmwelt/Arbeitsmarkt/Erwerbstaetigkeit/TabellenBeschaeftigungsstatistik/Insgesamt.html Zugriff 02.12.2015
[95] Im Nachfolgenden wird unter dem Aspekt Gliedmaßen nur auf die Finger bzw. Hand eingegangen.

gleiche gilt bei Verwendung eines Datenhandschuhs als Detektor für Gesten. Wird diese gerätebasierte Methode gewählt, muss für die unterschiedlichen Handgrößen auch jeweils ein Handschuh bzw. bei Verwendung beider Hände ein Handschuhpaar bereitliegen.[96] Aber nicht nur bei der gerätebasierten Methode gilt es die Größe bzw. Form der Hände, zu beachten. Unterschiedliche Formen und Größen liefern auch unterschiedliche Signale bei der Detektion. So können lange Finger besser detektiert werden als „knubblige". Abbildung 19 rechts zeigt, wie die eingelesenen Informationen am PC dargestellt werden. Die Abbildung zeigt, dass wenn die Finger näher beieinander sind - dicke Finger - werden die „Schluchten" zwischen den Peaks ebenfalls kleiner. Dies kann zur Folge haben, dass die Detektion von einigen Gesten nicht mehr sicher durchgeführt werden kann. Um den entgegenzuwirken muss bei der Detektion (kamerabasiert) darauf geachtet werden, dass die Auflösung hoch genug und der Abstand Hand zu Detektor nicht zu groß ist. Dieselbe Herausforderung besteht auch bei der Länge der Finger, da hier die Peaks in der Höhe geringer Ausfallen. Außerhalb des industriellen Bereichs spielt dies insbesondere eine Rolle wenn Kinder, die, je nach Alter, sehr kleine Finger haben, Gestensteuerungen benutzen sollen.

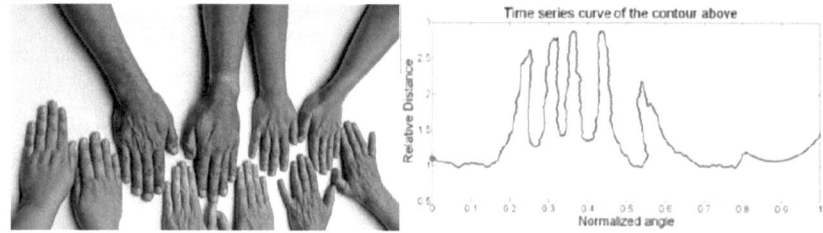

Abbildung 19 links: Verschiedene Hand-/Fingerformen und Größen[97] rechts: Detektionsbild einer Hand[98]

---

[96] Aus Hygienegründen macht es Sinn, dass jeder Anwender seinen eigenen Datenhandschuh besitzt.

[97] Abbildung 20 links [58] o.V.: http://www.op-online.de/bilder/2011/08/19/1366637/620841413-haende-kinder-kuenstler-yO4hBKNbBa7.jpg Zugriff 03.12.2015

[98] Abbildung 20 rechts [59] Gerova, Silyana; et al.: Funktionsweise, Eigenschaften und Anwendungen der Microsoft Kinect in der Robotik; http://eos.cs.ovgu.de/wp-content/uploads/2013/08/Proseminar2013_ready.pdf Zugriff 18.11.2015

Eignung - Beweglichkeit

Die Beweglichkeit der Finger ist ein entscheidender Faktor für eine funktionierende Gestensteuerung. Ist die Bewegungsfähigkeit eingeschränkt, können Gesten nicht mehr so ausgeführt werden, wie sie im System hinterlegt sind. Dies führt dazu, dass das System Gesten „Missversteht" oder es keine Reaktion auf eine Geste gibt. Die Frage ist also, welche Umstände führen dazu, dass die Eignung eines Anwenders nicht bzw. nicht mehr gegeben ist? Abbildung 20 zeigt hierzu den komplexen Aufbau der Hand. Das Bild auf der rechten Seite zeigt hierbei, wie viel Sehnen und Muskeln sich in der Hand befinden.

Dies zeigt aber auch, dass es wichtig ist, die Befehle oder Befehlssätze so zu gestalten das keine Ermüdung Eintritt, die für das Ausführen der Gesten hinderlich ist. Auch wenn bei der Gestensteuerung keine großen Kräfte aufgewendet werden müssen, so tritt durch die reine Bewegung der Finger eine Ermüdung auf. Der Aspekt der *ergonomischen Gestaltung* wird am besten in einem Experiment/Studie ermittelt um die Gebrauchstauglichkeit der Gesten unter Beweis, zu stellen.

Neben den durch die Arbeit auftretende Ermüdung stellen auch noch *Krankheiten* die Eignung infrage. Eine der bekanntesten Krankheiten ist Rheuma. Hierbei tritt eine Entzündung der Gelenke auf, die zu Bewegungseinschränkungen führt. Weitere Erkrankungen sind:

- Karpaltunnelsyndrom: Nerveneinklemmung, Schmerzen
- Dupuytren'sche Kontraktur: Streckung eines/mehrere Finger nicht mehr möglich
- Arthrose: mechanische Überlastung – Knorpelschäden, eingeschränkte Beweglichkeit

Dies zeigt auf, dass bei der Auswahl von geeigneten Beschäftigten darauf zu achten ist, ob diese die nötigen Bewegungen, schmerzfrei ausführen können.

Neben Erkrankungen können aber auch *Unfallfolgen* einen Menschen für die Gestensteuerung ganz oder zeitweise untauglich machen. Fehlen nach einem Unfall Gliedmaßen teilweise oder vollständig (z. B. abgetrennter Finger) kann dieser Anwender gewisse Gesten nicht mehr ausführen. Anders ist es gelagert, wenn nach einem Unfall einzelne Finger arretiert sind. Dies führt nur zeitweise dazu, dass der Anwender für die Gestensteuerung ungeeignet ist.

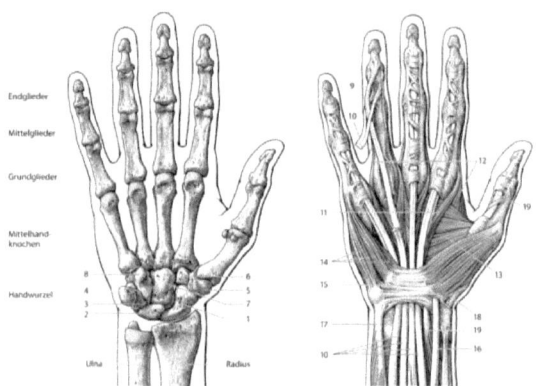

Abbildung Anatomie Hand und Finger

01. Kahnbein
02. Mondbein
03. Dreiecksbein
04. Erbsenbein
05. großes Vieleckbein
06. kleines Vieleckbein
07. Kopfbein
08. Hackenbein
09. Sehen des M. flexor digitorum profundus
10. Sehen des M. flexor digitorum superficialis
11. Mm. lumbicalis
12. Mm. interossei
13. Thenar
14. Hypothenar
15. Ringband
16. M. flexor carpi radialis
17. M. flexor carpi ulnaris
18. M. abductor pollicis longus
19. M. flexor pollicis longus

Abbildung 20 Komplexes Konstrukt - Hand[99]

Rechts-/Linkshänder

Bei der Detektion sind Vergleichswerte hinterlegt die dazu dienen eine Geste zu erkennen. Abbildung 19 rechts zeigt ein solches Detektionsbild. Weicht das ermittelte Bild von dem eingegebenen Bild ab, so ist die nachgelagerte Befehlsausführung nicht möglich. Dieser Aspekt spielt insbesondere eine Rolle, wenn es um Links- oder Rechtshänder geht. Zeigt ein Rechtshänder mit dem Zeigefinger nach oben, bei sonst angewinkelten Fingern, zeigt die Restfläche der anderen Finger in die entgegengesetzte Richtung als beim Linkshänder. Um den entgegenzuwirken, müssen die Detektionsbilder für beide Varianten hinterlegt sein.

Vergessen von Gesten

Ein weiterer Aspekt, der den Menschen betrifft ist das Vergessen. Fehlt der kontinuierliche Gebrauch einer Tätigkeit, wird diese langsam aus dem Gedächtnis gelöscht. Die Auslöser für das Vergessen sind dabei relativ banal – Betriebsruhe, Urlaub oder Krankheit werden genutzt, damit sich der Anwender ausruhen und

---

[99] Abbildung 21 [60] o.V.: http://www.joho.de/fachabteilungen/orthopaedische-klinik/hand/anatomie-funktion-von-finger-und-hand.html Zugriff 04.12.2015

auch vergessen kann. Um diesen Effekt entgegenzuwirken, ist es sinnvoll Gesten und Befehlssätze vorzugeben, die möglichst intuitiv sind. Des Weiteren ist zu prüfen ob, ein „Dummymodus" – Ausführen der Gesten nur mit Rückmeldung ohne weitere Funktion, bei Gedächtnisauffrischung hilfreich wäre.

Tagesform

Anders als bei Maschinen besitzt der Mensch eine Tagesform. Dies macht sich bei der Gestensteuerung dahin gehend bemerkbar, dass Gesten nicht immer gleich oder gleichschnell ausgeführt werden. Dies kann von Tag zu Tag oder im Laufe der Arbeitszeit schwanken. Um den entgegenzuwirken ist das System so einzustellen, dass es Gesten in einer gewissen, der Sicherheit noch zumutbaren, Range erkennt.

Erwartungen

Wird in irgendeiner Form kommuniziert, so hat der Sender eine bestimmte Erwartung an den Sender. Die Erwartung bezieht sich hierbei auf irgendeine Form von Rückmeldung – entweder durch das Ausführen einer Sache oder eine Bestätigung.

Wird eine Rückmeldung in Form der Ausführung einer Tätigkeit erwartet, so kann bei Auftreten einer Störung (siehe Abbildung 21) diese nicht erfolgen. Das Fehlen einer Rückmeldung kann beim Anwender aber Unmut auslösen und zudem Unsicherheit, ob nicht doch noch eine Aktion erfolgt. Um den menschlichen Bedürfnis entgegenzukommen und gleichzeitig die Sicherheit des Systems zu erhöhen ist im weiteren Verlauf des Projekts zu prüfen, wie eine geeignete Rückmeldung auszusehen hat.

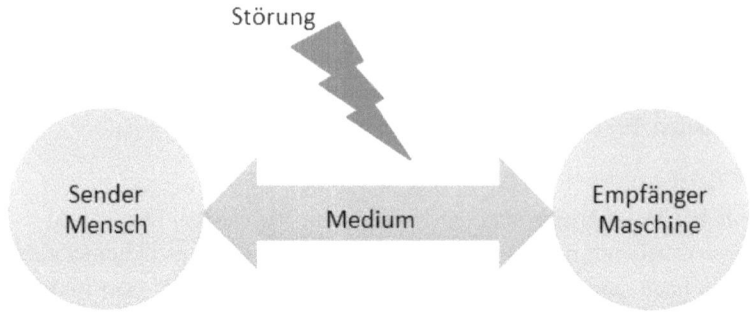

Abbildung 21 Sender – Empfänger – Modell[100]

Fazit

Der Faktor Mensch ist der komplexeste der drei Einflussfaktoren, den es gilt in das sozio-technische-System der MMI zu integrieren. Um die ständige Verfügbarkeit des Arbeitsplatzes zu gewährleisten müssen zudem genügend Mitarbeiter befähigt sein die Arbeit, bei Ausfall oder zeitweiser fehlender Eignung eines Anwenders, zu übernehmen.

4.3.3 Umgebung

Die Umgebung ist der dritte Einflussfaktor auf das Mensch-Maschine-System. Dabei stellt die Umgebung die Umwelt des Systems dar. Die Parameter der Umgebung sind z. B. Emissionen (Lärm, Licht, Staub), Zubringersysteme, benachbarte Arbeitsplätze, usw. Um darzustellen, welchen Einfluss die Umgebung auf das System hat, wird dies im nachfolgendem an Beispielen dargestellt. Zudem soll dieses Kapitel aufzeigen, dass auch externe Einflussfaktoren bzw. Störquellen die Funktion des Interaktionssystems beeinflussen können.

Emissionen

Emissionen sollen in diesem Kontext als alle Wellen, Strahlungen und Teilchen gesehen werden, die Einfluss, in welcher Art auch immer, auf einen oder beide Partner des Mensch-Maschine-Systems haben.

Licht

Licht ermöglicht dem Menschen seine Umgebung visuell wahrzunehmen. Zu viel Licht kann aber zu einer Blendung führen, die für den Menschen unangenehm ist.

---

[100] Abbildung 22 [61] Eigene Abbildung

Dies wiederum kann einen Kontrollverlust über ein System zur Folge haben. Im konkreten Fall der Gestensteuerung kann eine Blendung eine Schutzbewegung des Menschen verursachen, die vom System als Eingabe angesehen wird. Eine andere Form der Störung des Systems kann durch den Infrarotanteil[101] des Lichtspektrums hervorgerufen werden. Hierbei ist nicht der Mensch der Systempartner, der beeinflusst wird, sondern die Technik. Kameragebundene Systeme arbeiten wie in Kapitel 4.3.1 aufgezeigt mit Infrarotlicht. Durch zu starke Emission von Infrarotlicht oder stark wechselnde Lichtverhältnisse, durch die Lichtquelle, kann dies die Detektion beeinträchtigen. Gehört die Lichtquelle zur Gruppe der künstlichen Beleuchtungen, so kann bei der Auswahl der Leuchtmittel auf eine niedrige IR-Strahlung geachtet werden. Ist der IR-Emittent die Sonne, so müssen geeignete Abschattungsmaßnahmen erfolgen. Ein Aufbau des Systems in einem tageslichtfreien Raum ist allerdings keine Lösung. Dazu heißt es in der ASR A3.4: „Die Arbeitsstätten müssen möglichst ausreichend Tageslicht erhalten. Eine Beleuchtung mit Tageslicht ist der Beleuchtung mit ausschließlich künstlichem Licht vorzuziehen. […]"[102] Um dieser Forderung nachzukommen, muss das Gestensteuerungssystem dementsprechend in der Halle positioniert werden und geeignete Abschattungsmaßnahmen getroffen werden. Das Gleiche gilt ebenfalls bei Verwendung von kamerabasierten Schutzmaßnahmen, da diese die gleiche Technik nutzen.

<u>Lärm</u>

Lärm ist ein Faktor, der den Systempartner Mensch betrifft. Bei zur hohen Schallexposition kann es zur Schädigung des Hörorgans kommen. Aber schon bei relativ kleinen Pegeln kann die Konzentration darunter Leiden und es zu einer Fehleingabe kommen. Da das System direkt vom Menschen, durch Gesten gesteuert wird, muss sichergestellt werden, dass keine „nervigen", dauerhaften Geräusche die Konzentrationsfähigkeit des Anwenders beeinflussen.

<u>Staub</u>

Staub ist ein Faktor, der bei hohen Konzentrationen durch Richtlinien geregelt ist. Auch wenn diese nicht überschritten und damit keine Beeinflussung des Men-

---

[101] Das Infrarotspektrum des Lichts befindet sich im Bereich von 780nm – 1mm Wellenlänge (nicht sichtbarer Bereich).
[102] [62] o.V.: ASR A3.4 Technische regeln für Arbeitsstätten – Beleuchtung; http://www.baua.de/de/Themen-von-A-Z/Arbeitsstaetten/ASR/pdf/ASR-A3-4.pdf?__blob=publicationFile Zugriff 07.12.2015

schen entsteht, kann dies Einfluss auf das System haben. Dies betrifft die kamerabasierte Gestenerkennung sowie die kamerabasierte Sicherheitsfunktion. Dabei lagert sich der Staub auf dem Kameraobjektiv ab, was zu einer Beeinträchtigung der visuellen Detektion führt. Bei Auswahl des Standorts für das MRK-System sollte auf eine möglichst staubfreie Umgebung geachtet werden sowie auf eine regelmäßige Wartung/Säuberung der Kameraobjektive.

Störsignale

Hierunter werden Signale verstanden, die die Übertragung der Gestendetektion stören. Die kamerabasierte Variante ist hierbei nicht betroffen, da hier eine Verbindung mit Kabeln erfolgt. Die Detektion mit dem Datenhandschuh wird dagegen wird kabellos ausgeführt, um dem Anwender mehr Bewegungsfreiheit zu gewähren. Dabei ist darauf zu achten, dass andere Übertragungssysteme, die die gleiche Technik nutzen, die Übertragung des Datenhandschuhs nicht beeinträchtigen (wie auch unter Kap. 2.2 Aktive Sensoren beschrieben). Des Weiteren dürfen andere Maschinen oder Gerätschaften die Datenübertragung ebenfalls nicht beeinflussen.

Ablenkung

Unter diesem Punkt ist vor allem die Ablenkung durch Kollegen oder Vorgesetzte zu verstehen. Ein schnelles Gespräch unter Kollegen oder neue Informationen von der Führungskraft sind Abläufe, wie täglich in Betrieben vorkommen. Bei der Arbeit im Kollaborationsraum und insbesondere bei der Gestensteuerung kann diese Ablenkung aber zu Fehlern führen. Bei Gesprächen werden unter anderem auch Gesten benutzt, die vom System als Eingabe angesehen werden können. Um zu vermeiden, dass es dadurch zu Fehleingaben kommt, ist es sinnvoll für die Kommunikation mit dem Anwender gewisse Regeln aufzustellen. So wäre hierbei eine Möglichkeit neben dem Schild Gestensteuerung (Abbildung 13 rechts) auch noch eine optische Anzeige anzubringen, die leuchtet, wenn das System läuft. Während dieser Zeit darf mit dem Anwender nur in Gefahrensituationen kommuniziert werden.

4.4 Safety vs. Usability

Bei der Gegenüberstellung von Sicherheit und Gebrauchstauglichkeit geht es um die Herausforderung, ein System einerseits sicher zu gestalten und andererseits eine hohe Akzeptanz, seitens des Menschen, zu erhalten.

Für die Sicherheit eines MRK-Systems sind immer mehrere Faktoren entscheidend für die Sicherheit. Nicht alle führen aber auch dazu, dass die Akzeptanz gegenüber dem System sinkt. So haben beispielsweise Redundanzen in der Schaltung von Bauteilen darauf keinen Einfluss. Im Falle der Gestensteuerung sind insbesondere die Punkte *Länge von Befehlssätzen* und der *Delay*, also die Verzögerung zwischen Befehl und Ausführung, entscheidend.

Länge von Befehlssätzen

Bei der Länge der Befehlssätze geht es in erster Linie darum einen definierten Start- und Endpunkt zu erhalten. Erfolgt die Eingabe mit einen definierten Startpunkt, so ist sichergestellt das Eingaben z. B. von nicht intendierten Gesten aus einem Gespräch, vom System nicht berücksichtigt werden und keine Fehleingabe dadurch möglich ist. Der Endpunkt sorgt dafür, dass Befehle erst ausgeführt werden, wenn alle Informationen übermittelt worden sind. Unterbrechungen, gleich welcher Art, führen damit nicht zu einem Ausführen von Befehlsteilen oder falschen Bewegungen. Dies kommt dem Sicherheitsaspekt entgegen, kann aber, wenn diese Befehlssätze zu lang werden, die Akzeptanz der Anwender, für das System, mindern. Ein weiterer Punkt, der gegen zu lange Befehlssätze spricht ist der Faktor Vergessen. Wie unter 4.3.2 schon aufgezeigt, führen längere Unterbrechungen der Tätigkeit, z. B. durch Urlaub, dazu das Teile der Gesten vergessen werden. Dieser Aspekt kann dem Anwender eine hohe Komplexität suggerieren, was eine geringere Akzeptanz zur Folge hat.

Delay

Der Zeitversatz zwischen Eingabe und Ausführen dient unter anderem dazu, dass der Anwender noch einmal die Möglichkeit hat, seine Eingabe zu revidieren. Verstreicht dabei aber zu viel Zeit, ist der Anwender verunsichert und evtl. „genervt". Um den abzuhelfen kann einerseits eine Anzeige helfen, die anzeigt, welcher Befehl eingegeben wurde und wann dieser ausgeführt wird. Dadurch erhält der Mitarbeiter eine Rückmeldung und sieht, ob die richtige Aktion ausgeführt wird. Des Weiteren ist aber noch zu ermitteln, welcher Delay akzeptiert wird.

Beide Punkte können theoretisch nur schwer erfasst werden, da es sich hier um qualitative Daten handelt. Diese werden am besten in einer Studie ermittelt (siehe Kap. 5.1 Durchzuführende Schritte im Projekt).

4.5 Gesten Vokabular – geeignete Gesten für den kollaborierenden Betrieb

Neben der Einteilung in intendierte und nicht intendierte Gesten (DIN EN ISO 9241-960[103]) können Gesten auch nach der Art der Informationsübermittlung eingeteilt werden. Zu den Arten zählen *Zeigegesten*, bei dem einfach mittels Fingerzeig die Information übermittelt wird. Eine andere Möglichkeit ist die *Strichgeste*. Bei dieser Art wird mit der Hand oder einem Finger ein Symbol in die „Luft gemalt". Die detektierte Bewegungsabfolge ergibt die Information. Eine weitere Möglichkeit ist das *Formen der Hand* wie Abbildung 8 links (Fingeralphabet) zu sehen. Dabei stellt die geformte Hand die Information dar.

Des Weiteren wird im Folgenden eine Einteilung anhand der Funktion der Geste vorgenommen:

- Primäre Gesten: Sicherheitsstopp, Greifer Bewegung
- Sekundäre Gesten: Bewegungen, Geschwindigkeit, Zeigen (Holen)
- Tertiäre Gesten: Gesten für spezielle/weitere Funktionen, Definition von Gegenständen (z.B. Gegenstand a, b, c,…)

Primäre Gesten

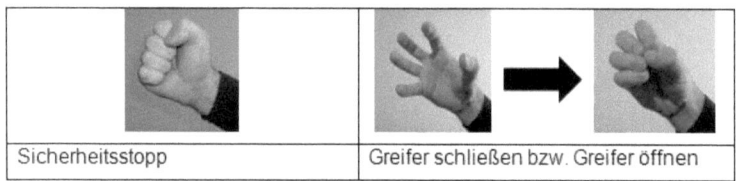

Sicherheitsstopp	Greifer schließen bzw. Greifer öffnen

Abbildung 22 Primäre Gesten[104]

<u>Sicherheitsstopp</u>

Die Wahl für die Faust als Befehl für den sofortigen Stopp begründet sich einerseits aus der Verwendung beim Militär, bei dem ein angewinkelter Arm und die Faust den Stopp der Einheit bedeuten. Zum anderen aus der Tatsache, dass sich bei Schmerzen die Gliedmaßen verkrampfen und zusammenziehen.

---

[103] [43] DIN EN ISO 9241-960:2015-09 (Entwurf)

[104] Abbildung 23 [63] Eigene Abbildung

Greifer

Die Geste für die Auswahl des Greifers lehnt sich an das Greifen mit der Hand an.

Sekundäre Gesten

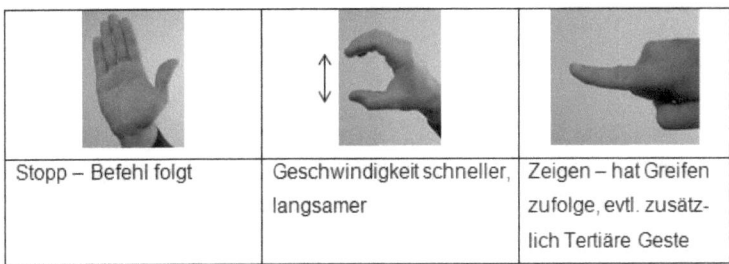

Stopp – Befehl folgt	Geschwindigkeit schneller, langsamer	Zeigen – hat Greifen zufolge, evtl. zusätzlich Tertiäre Geste

Abbildung 23 Sekundäre Gesten erster Teil[105]

Stopp

Anders als der Sicherheitsstopp soll die flache Hand als Startbefehl für die nächste Eingabe dienen.

Geschwindigkeit

Der Abstand von Daumen und den restlichen Fingern dient als Information für die zu fahrende Geschwindigkeit.

Zeigen

Hierbei wird angezeigt, welcher Gegenstand geholt werden soll. Eine weitere Geste kann den Gegenstand genauer definieren (Fingeralphabet).

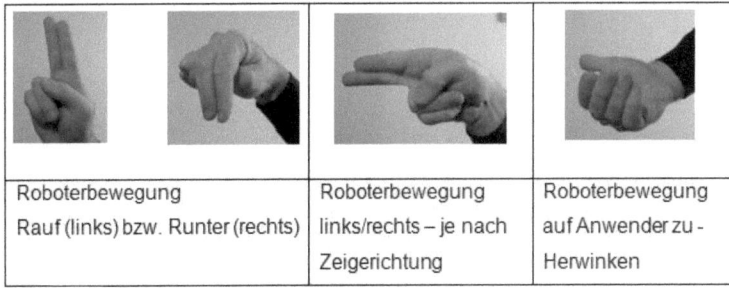

Roboterbewegung Rauf (links) bzw. Runter (rechts)	Roboterbewegung links/rechts – je nach Zeigerichtung	Roboterbewegung auf Anwender zu – Herwinken

---

[105] Abbildung 24 [64] Eigene Abbildung

Abbildung 24 Sekundäre Gesten zweiter Teil[106]

Roboterbewegungen

Das reine Verfahren des Roboterarms mit und ohne Gegenstände hat keine weitere Aktion seitens des Greifers zur Folge.

---

[106] Abbildung 25 [65] Eigene Abbildung

5. Zusammenfassung / Weiteres Vorgehen

Diese Arbeit zeigt die theoretischen Grundlagen sowie die ersten Ansätze für ein nachfolgendes Forschungsprojekt. Im Folgenden werden die weiteren Projektschritte aufgezeigt und die Aussichten für diese Technologie dargestellt.

5.1 Durchzuführende Schritte im Projekt

Das Forschungsprojekt kann wie in Abbildung 25 dargestellt, grob in drei Phasen eingeteilt werden. Die erste Phase wird dabei ausschließlich in einer virtuellen Umgebung - CAVE - durchgeführt. Der große Vorteil ist hierbei, dass keine Verletzungen bei Fehlern auftreten können. Sind Funktion und Sicherheit gewährleistet, so werden, die in Phase eins erzielten Ergebnisse, in eine reale Umgebung überführt und dort ggf. modifiziert. In Phase drei wird der Betrieb begleitet und dokumentiert.

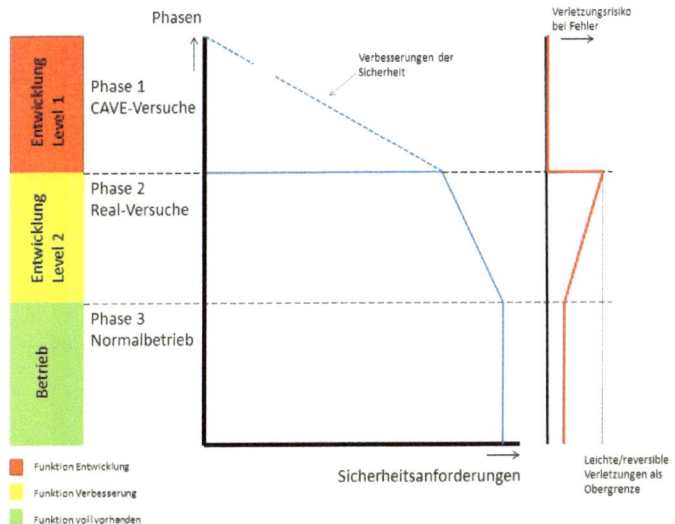

Abbildung 25 Phasen des Forschungsprojekts Entwicklung einer Gestensteuerung[107]

---

[107] Abbildung 26 [66] Eigene Abbildung

Phase 1:

Der Hauptteil des Projekts läuft aufgrund des fehlenden Verletzungsrisikos und der schnellen Änderungsmöglichkeiten in der Simulation ab. Dazu werden folgende Schritte durchlaufen:

- Aufbau einer virtuellen Umgebung, in der die Testläufe bezüglich Funktion und Sicherheit durchgeführt werden
- Implementierung der Gestensteuerung, im ersten Schritt mit einem kamerabasiertem System (Kinect)
- Durchführung einer Studie über die Verwendung geeigneter Gesten
    o Evaluierung der eigenen Vorschläge für Gestenbefehle
    o Freie Wahl von Gestenbefehlen durch die Teilnehmer
    o Anforderung an die Teilnehmer:
        - Teilnehmerkreis soll interkulturell besetzt sein
        - verschiedene Finger- und Handgrößen
        - Links- und Rechtshänder
- Einbinden der Ergebnisse in die Simulation mit ersten Testläufen
- Durchführung einer Usability Studie zur Verbesserung der Akzeptanz, Steigerung der Effizienz, anschließende Übertragung in die Simulation
- Entwerfen des Sicherheitskonzepts
    o Einbinden des Sicherheitssystems (Kameras für Abstandserkennung)
    o Evaluierung des Gesamtsystems
- Testen von weiteren Konzepten z. B. Datenhandschuh

Vorbereitung für den Übertrag in den Realversuch

Ziel ist, nach Ende der ersten Phase ein lauffähiges, sicheres System zu erhalten, dessen Ergebnisse in die reale Welt überführt werden können.

Phase 2:

In Phase zwei steigt das Verletzungsrisiko an, da hier die Gefahren, die bei Modifikationen an einem realen Roboter auftreten können, mit berücksichtigt werden. In dieser Phase werden folgende Schritte durchlaufen:

- Anbringen der ausgewählten Komponenten im Arbeitsraum/am Roboter

- Testläufe und Modifikationen
- Dokumentation der Unterschiede zur Simulation
- Endabnahme des Systems hinsichtlich Sicherheitskonzept und Funktion der Gestensteuerung

Phase 3:

Im Normalbetrieb wird das System noch weiter betreut (mindestens 6 Monate). Hierbei werden noch kleinere Modifikationen, wenn nötig, vorgenommen sowie der Betrieb dokumentiert.

- Betreuung in der Startphase der Anlage, ggf. Modifikation
- Dokumentation des Betriebs

5.2 Resümee

Um die Produktion flexibler und ergonomischer zu gestalten, sind neue Möglichkeiten der Steuerung von Robotern notwendig. Nicht nur hoch spezialisierte Fachkräfte, sondern auch den Mitarbeitern in der Produktion soll es möglich sein, den Roboter zu bedienen. Die einfachste Form ist hierbei eine Steuerung über Gesten, so wie sie auch in der Kommunikation genutzt wird. In dieser Bachelorarbeit wurden Beispiele aufgezeigt, wie eine Gestensteuerung implementiert werden kann. Ein weiterer wichtiger Aspekt, die Sicherheit des Interaktionssystems, ist hierbei eine weitere Herausforderung. Durch die Verwendung eines gewöhnlichen Industrieroboters kann nicht auf interne Sensoren zurückgegriffen werden. Dies erfordert ein eigenständiges System welches die Sicherheit der Anwender gewährleistet. Um die Entwicklung möglichst gefahrlos zu gestalten, dabei aber verwertbare Ergebnisse zu erhalten, soll auf die 3D-Technik zurückgegriffen werden. Das Vorgehen zeigt gleichzeitig auf, wie die Entwicklung innovativer Systeme in Zukunft aussehen kann. Durch die Vereinigung von funktioneller Steuerung und der Sicherheit der Anwender ermöglicht dies der Industrie, einen weiteren großen Schritt in Richtung Vollautomatisierte Produktion zu gehen.

Quellenverzeichnis

[1] Grundgesetz für die Bundesrepublik Deutschland (idFv. 23.12.2014) § 2 Abs. 2

[2] Kelch, Franziska: Industrialisierung und Arbeiterbewegung; http://blog.zeit.de/schueler/2014/01/23/industrialisierung-geschichte-revolution/ Zugriff 29.12.2015

[3] o.V.: Soziale Sicherheit in Deutschland; http://www.deutsche-sozialversicherung.de/index.html Zugriff 29.12.2015

[4] o.V.: Bismarcks Sozialgesetze 1883 BIS 1889; https://www.bmas.de/SharedDocs/Downloads/DE/PDF- Publikationen/a212-infoblatt-sozialgeschichte.pdf?__blob=publicationFile Zugriff 29.12.2015

[5] o.V.: Kosten eines Unfalls; http://www.diemer-ing.de/newsletter/2007-09/Wirtschaftliche_Aspekte_Praevention.html Zugriff 29.12.2015

[6] Bretthauser, Georg; Gerlach, Gerald, et al.: Automation 2020 (2. Auflage); https://www.vdi.de/fileadmin/vdi_de/redakteur_dateien/gma_dateien/GMA_Automation_2020_Internet_2Auflage.pdf Zugriff 30.12.2015

[7] Speckner, Christine; Sinß, Falk: Ohne Tuchfühlung mit Kollege Roboter. In: Arbeit und Gesundheit (2012) Auflage 11/12; http://www.arbeit-und-gesundheit.de/2/1553 Zugriff 30.12.2015

[8] Schraft, Rolf Dieter; Volz, Hansjörg: Serviceroboter. Innovative Technik in Dienstleistung und Versorgung. Berlin, Heidelberg: Springer, 1996.

[9] Graf, Birgit: Servicerobotik: Definition und Potential; https://www.uni-due.de/imperia/md/content/wimi-care/wb__5_.pdf Zugriff 30.12.2015

[10] Schmidtler, Jonas et al.: Human Centered Assistance Applications for the working enviroment of the future. In: Occupational Ergonomics September 2015 S.84f; www.researchgate.net/publication/282074313_Human_Centered_Assistance_Applications_for_the_working_environment_of_the_future Zugriff 20.10.2015

[11] Nördinger, Susanne: Audi: Mensch-Roboter-Kooperation in der Serienfertigung; http://www.produktion.de/technik/automatisierung/audi-mensch-roboter-kooperation-in-der-serienfertigung-365.html Zugriff 30.12.2015

[12] o.V.: Erkältungen treiben Krankenstand hoch; www.dak.de/dak/bundesthemen/Krankenstand-1656608.html Zugriff 23.10.2015

[13] Janetzke, Christian: US-Markt für Industrieroboter mit Wachstumsperspektiven; http://www.gtai.de/GTAI/Navigation/DE/Trade/Maerkte/suche,t=usmarkt-fuer-industrieroboter-mit-wachstumsperspektiven,did=1082654.html Zugriff 30.12.2015

[14] Schreier, Jürgen: „Industrie 4.0 kommt nicht mit einem großem Ruck"; http://www.maschinenmarkt.vogel.de/industrie-40-kommt-nicht-mit-einem-grossen-ruck-a-501048/ Zugriff 30.12.2015

[15] o.V.: Systemergonomische Gestaltung; http://www.dguv.de/ifa/Fachinfos/Kollaborierende-Roboter/Systemergonomische-Gestaltung/index.jsp Zugriff 30.12.2015

[16] Eigene Abbildung

[17] Hertel, Lothar; Oberbichler, Brigitte; Wilrich, Thomas: Technisches Recht. Berlin: Beuth Verlag GmbH, 2015. S.21

[18] Böhme, Hans-Joachim; Mensch-Maschine-Kommunikation / Kognitive Robotik; HTW Dresden; SoSe 2012; http://www.htw-dresden.de/fileadmin/userfiles/info_math/KogRob/Lehre/MMK/Vorlesung/MMK_KR_vl_ws2012_teil1.pdf Zugriff: 27.10.2015

[19] Arbeitsschutzgesetz (idFv. 31.08.2015) §4 Abs.3

[20] Maschinenrichtlinie 2006/42/EG; Anhang I, Allgemeine Grundsätze

[21] o.V.: http://www.keyence.de/Images/safetyknowledge_machine_img02.jpg Zugriff 27.10.2015

[22] DIN EN ISO 10218-1:2012-01

[23] Preis, Roman: Wie bestimmt man den Performance-Level nach EN ISO 13849-1?; http://www.ce-kennzeichnung-seminare.de/newsletter/ce-kennzeichnung-newsletter-Performance-Level.pdf Zugriff 28.10.2015

[24] o.V.:https://www.pilz.com/imperia/md/images/import/International/050_Know_How/010_Law_and_standards/030_Standards/020_Functional_safety/G-Risikograph-560-DE.gif Zugriff 28.10.2015

[25] o.V.; http://www.industrie.de/bilder/ea/2007-09/600x/thumb_ea09070018_tif.jpg Zugriff 31.12.2015

[26] Piper, Sonja.: Sensoren und Aktoren von autonomen Robotern; https://www.uni-muenster.de/imperia/md/content/fachbereich_physik/technik_didaktik/sensoren_aktoren_roboter.pdf Zugriff 28.10.2015

[27] Ostermann, Björn: Entwicklung eines Konzepts zur sicheren Personenerfassung als Schutzeinrichtung an kollaborierenden Robotern; http://elpub.bib.uni-wuppertal.de/servlets/DerivateServlet/Derivate-4094/dd1401.pdf Zugriff 29.10.2015, S. 61ff

[28] o.V.: Funktionsweise eines Laserscanners; http://www.laserscanning-europe.com/de/glossar/funktionsweise-eines-laserscanners Zugriff 30.10.2015

[29] Dierig, Carsten: Die Welt – Wenn der Roboter beim Abwasch hilft; http://www.welt.de/wirtschaft/article139728735/Wenn-der-Roboter-beim-Abwasch-hilft.html Zugriff 30.10.2015

[30] Hertel, Lothar; Oberbichler, Brigitte; Wilrich, Thomas: Technisches Recht. Berlin: Beuth Verlag GmbH, 2015. S.32

[31] Lee, Edward A.: Cyber Physical Systems: Design Challenges; http://www.eecs.berkeley.edu/Pubs/TechRpts/2008/EECS-2008-8.pdf Zugriff 03.11.2015

[32] o.V.: Cyber-Physical Systems: Chancen und Nutzen aus Sicht der Automation; https://www.vdi.de/uploads/media/Stellungnahme_Cyber-Physical_Systems.pdf Zugriff 03.11.2015

[33] Huelke, Michael: Arbeitsplätze der Industrie 4.0 – Kollaborierende Roboter. In: DGUV Forum 2015 Ausgabe 3. S.10 http://www.dguv-forum.de/files/594/3_2015_Standard.pdf Zugriff 04.11. 2015

[34] Huelke, Michael; Ottersbach, Jürgen: Tagungsbeitrag Sicherheitsnachweis für Kollaborierende Roboter, https://www.vde.com/de/Veranstaltungen/konferenzen/vortraege/fs2013/Documents/20_Huelke.pdf Zugriff 04.11.2015

[35] o.V.: Unsichere Robotersoftware birgt Gefahren. In: Automations praxis 2014 Nr.6 S.1 http://www.automationspraxis.de/c/document_library/get_file?uuid=d238d9bc-9211-4f99-bac6-9daac061c456&groupId=33568397 Zugriff 05.11.2015

[36] DIN EN 82079-1

[37] Görs, Britta: Was ist bestimmungsgemäße Verwendung und was vorhersehbarer Fehlgebrauch?; http://www.brittagoers.de/was-ist-bestimmungsgemaesse-verwendung-und-was-vorhersehbarer-fehlgebrauch/ Zugriff 09.11.2015

[38] o.V.: Kollaborierende Roboter – im Aufwind. In Technische Rundschau 2014 Nr.:10; http://www.bachmann-ag.com/Portals/0/Doku/Presse/TR1014_Kollaborierende%20Roboter%20im%20Aufwind.pdf Zugriff 10.11.2015

[39] o.V.: Trendumfrage Kollege Roboter; http://www.scope-online.de/news/trendumfrage--kollege-roboter---kollaborierende-roboter-ohne-schutzzaun.htm Zugriff 10.11.2015

[40] o.V.: Kollege Roboter verbessert Produktivität und Ergonomie; http://www.automationspraxis.de/holz/-/article/33568397/39688627/Kollege-Roboter-verbessert-Produktivit%C3%A4t-und-Ergonomie/art_co_INSTANCE_0000/maximized/ Zugriff 10.11.2015

[41] Eigene Abbildung

[42] Dralle, Anette; Frederking Walther; Vetter, Gregeor: Schülerwörterbuch Latein, Stuttgart: PONS GmbH, 2012. S.206

[43] DIN EN ISO 9241-960:2015-09 (Entwurf)

[44] DIN SPEC 91333:2015-11 (Entwurf)

[45] o.V.: Das deutsche Fingeralphabet; http://partcours.de/sacha/spielwiese/sachasblog/buchstaben-abc-ausdrucken-2014-06-21-08-57.gif Zugriff 18.11.2015

[46] o.V.: Winkeralphabet; http://www.die-marine.de/_deutsch/sonstiges/images/Winkeralphabet.jpg Zugriff 18.11.2015

[47] Weyrich, Christian (Hrsg.); et al.: Einsatzmöglichkeiten einer 3D-Kamera in der Produktionstechnik am Beispiel der Kinect-Kamera; https://wiki.zimt.uni-siegen.de/fertigungsautomatisierung/index.php/Einsatzm%C3%B6glichkeiten_einer_3D-Kamera_in_der_Produktionstechnik_am_Beispiel_der_Kinect-Kamera Zugriff 18.11.2015

[48] o.V.: elmos; http://halios.elmos.com/herausforderung.html Zugriff 18.11.2015

[49] Stecher, Michael, et al.: Tracking down the intuitiviness of gesture interaction in the truck domain. In: Procedia Manufacturing 2015 Nr. 3 S.3176-

3183; http://ac.els-cdn.com/S2351978915008689/1-s2.0-S2351978915008689-main.pdf?_tid=a3524332-8e06-11e5-8186-00000aab0f27&acdnat=1447859666_cc0f02e737b6de8095af3a793d74ffb5 Zugriff 18.11.2015

[50] Lohmüller, Friedrich A.: Grundsätzliches zum Beschreiben von Szenen; http://www.f-lohmueller.de/pov_tut/basic/povkurs2.htm Zugriff 25.11.2015

[51] Eigene Abbildung

[52] o.V.: Kinect Hacking 105: Full Resolution, Public Domain Images of the Speckle Pattern.; http://www.futurepicture.org/?p=129/ Zugriff 02.11.2015

[53] Bernin, Arne: Einsatz von 3D-Kameras zur Interpretation von räumlichen Gesten im Smart Home Kontext; http://docplayer.org/3541085-Masterarbeit-arne-bernin-einsatz-von-3d-kameras-zur-interpretation-von-raeumlichen-gesten-im-smart-home-kontext.html Zugriff 30.11.2015

[54] o.V.: Time-of-Flight Prinzip; https://me.efi.th-nuernberg.de/interaktion/images/0/08/
TOF_Prinzip.jpg Zugriff 02.12.2015

[55] o.V.: http://schaugg.hdm-stuttgart.de/mj/pages/03ss/as45/Dataglove.gif Zugriff 02.12.2015

[56] Le Hong, Silvia; Biesterfeldt, Jakob: UID Studie Weltweit berührt; http://www.gm.fh-koeln.de/~hk/lehre/sgmci/ss2012/material/UID_Studie_Weltweit_beruehrt.pdf Zugriff 02.12.2015

[57] o.V.: Destatis Beschäftigungsstatistik; https://www.destatis.de/DE/ZahlenFakten/GesamtwirtschaftUmwelt/Arbeitsmarkt/Erwerbstaetigkeit/TabellenBeschaeftigungsstatistik/Insgesamt.html Zugriff 02.12.2015

[58] o.V.: http://www.op-online.de/bilder/2011/08/19/1366637/620841413-haende-kinder-kuenstler-yO4hBKNbBa7.jpg Zugriff 03.12.2015

[59] Gerova, Silyana; et al.: Funktionsweise, Eigenschaften und Anwendungen der Microsoft Kinect in der Robotik; http://eos.cs.ovgu.de/wp-content/uploads/2013/08/Proseminar2013_ready.pdf Zugriff 18.11.2015

[60] o.V.:http://www.joho.de/fachabteilungen/orthopaedische-klinik/hand/anatomie-funktion-von-finger-und-hand.html Zugriff 04.12.2015

[61] Eigene Abbildung

[62] o.V.: ASR A3.4 Technische regeln für Arbeitsstätten – Beleuchtung; http://www.baua.de/de/Themen-von-A-Z/Arbeitsstaetten/ASR/pdf/ASR-A3-4.pdf?__blob=publicationFile Zugriff 07.12.2015

[63] Eigene Abbildung

[64] Eigene Abbildung

[65] Eigene Abbildung

[66] Eigene Abbildung